DOMINATE A NEGOTIATION :
MAKE YOUR OWN RULES

DOMINATE A NEGOTIATION :
MAKE YOUR OWN RULES

談判
由你決定遊戲規則

永續圖書線上購物網　讀品文化事業有限公司

WWW.foreverbooks.com.tw　yungjiuh@ms45.hinet.net

競爭力系列 60

影子談判：由你決定遊戲規則

編　　著　夏萊恩
出 版 者　讀品文化事業有限公司
執行編輯　林美娟
美術編輯　林家維

本書經由北京華夏墨香文化傳媒有限公司正式授權，同意由讀品文化事業有限公司在港、澳、臺地區出版中文繁體字版本。
非經書面同意，不得以任何形式任意重制、轉載。

總 經 銷　永續圖書有限公司
TEL／(02) 86473663
FAX／(02) 86473660
劃撥帳號　18669219
地　　址　22103　新北市汐止區大同路三段 194 號 9 樓之 1
TEL／(02) 86473663
FAX／(02) 86473660
出 版 日　2014年06月

法律顧問　方圓法律事務所　涂成樞律師
CVS代理　美璟文化有限公司
TEL／(02) 27239968
FAX／(02) 27239668

國家圖書館出版品預行編目資料

影子談判 ： 由你決定遊戲規則 / 夏萊恩編著.
-- 初版. -- 新北市 ： 讀品文化, 民103.06
面 ；　公分. -- (競爭力系列 ； 60)
ISBN 978-986-5808-51-8(平裝)
1.談判 2.談判策略
177.4　103006755

前言

影子談判是由黛博拉．科爾與裘蒂絲．威廉斯共同提出的，影子談判是透過決定談判的方式，採用深藏不露的判斷和估價，以及迫使談判結束的複雜遊戲。善於運用影子談判的談判者往往可以使用不用語言表達的態度為成功的談判定下基調。

這兩位作者皆是談判領域的專家，她們向我們整理了一整套如何思考談判過程的新思路，這種思路就是在擁有清晰洞察力的前提下，研究如何改變自己弱勢地位的遊戲計畫，進而做到運用機謀應對各種談判形勢。

影子談判的運用關鍵在於不再將全部注意力放在談判的內容上，而是放在談判之前、之後以及談判的方式上。成功的引導可以改變談判雙方原本的相對地位，甚至談判形勢。

政治家在這方面往往運用得更為嫻熟，尤其當需要改變自身的弱勢地位時。

美國總統羅斯福在競選時期就有過這樣的成功案例，當時他準備向選民散發一本精美的小冊子，以此爭取選票。這本小冊子封面的照片版權屬於芝加哥的莫菲特工作室，按美國法律，未經授權在宣傳冊上擅自使用照片可能使競選委員會向莫菲特支付每冊一美元的賠償。印刷新的宣傳冊已經來不及，而繼續使用將出現競選醜聞，同時競選委員會也很可能面臨巨額債務。

這時候影子談判就發揮了很好的作用，競選委員會的總經理喬治・帕金斯當天給莫菲特工作室發去電報：「我們正準備散發一些封面上印有羅斯福照片的小冊子，對於被我們選中使用照片的工作室而言，這將是一次很好的宣傳機會。如果我們使用貴工作室的照片，你們準備支付我們多少錢？請迅速回電。」莫菲特工作室雖然沒有遇到過此類情況，但是在談判老手帕金斯的強硬和權威下，同意考慮並且支付兩百五十美元。

正是由於影子談判的作用，帕金斯從工作室的角度引導其忽略版權問題，設定新的談判目標，不僅化解了危機，還贏得了談判。

談判是就有衝突的雙方達成協議，有關權力和影響力，如果在談判之初就建立和諧、誠摯和相互合作的氣氛將有利於獲得積極有效的談判結果。同時，談判策略至關重要，應該是靈活的。談判過程中融入了談判者的自我認知和定位、換位思考、談判對象的分析與激發、語言資訊的組織與強調、談判管道與方式、談判的文化背景等。

談判中占主導地位利益，談判的基調是對抗性的還是合作性的，談判雙方將如何較量，這些都是談判過程中非常重要的問題，一方面，談判者需要弄清楚正確的處境，另一方面，更應該努力使談判進程向有利於自己的方向發展。

談判專家認為，影子談判是一套系統的談判方法，因此針對不同的談判形勢有著不同的談判策略。

影子談判中介紹的策略主要有以下幾種：推動、重構和尊重策略，這也是目前應用範圍較廣，使用效果較好的幾種策略。

談判專家認為談判者需要審時度勢之後採用不同的策略。例如，推動策略可以促使不願意談判的對手坐到談判桌前來討論問題；重構策略可以繞開受到對方抵制的僵局，使得己方更容易被接受；毫無疑問，尊重策略可以更好地促進坦誠的溝通，避免個人衝突，使雙方就各自的需求和觀點充分發表不同的意見。

在實際工作中，會遇到雙方都無法坐到一起談論問題的情況，這往往是由於處於資源有限的弱勢地位與看不到談判的必要性造成的。這時候，有必要使雙方都意識到這種相互的需要，這是談判的基礎。透過推動策略，如提高維持現狀的代價，可表明各方認識到談判的必要性。利益刺激、施加壓力和尋求盟友是常用的推動策略。

重構策略主要關注影響對方對意見和要求的接受程度的因素，如議事日程、談判前的基礎工作和任務受關注的次序等。重構策略中經常採用重塑談判架構的方法，表現了談判中的換位思考，換一種角度來分析談判雙方。

尊重策略可以改變談判的基調或氣氛，使雙方能進行更為友好的交流和協作。透過幫助他人保全顏面，對方感受到尊重，同時也關心了對方的形象，自身形象對於談判者來說常常與協定的具體細節一樣重要。

影子談判策略在談判桌下和談判桌上都有著極佳的表現，如果你還從未使用過這種低調卻又有效的談判策略，也許你應該試一試。

第一章 當你正在衝突中，怎麼辦

第一章 當你正在衝突中，怎麼辦

第二章 從不良情緒走向問題的解決

第二章 從不良情緒走向問題的解

談判：

第三章 尋求各得其所的解決之道

第三章 尋求各得其所的解決之道

第四章 如何談：聽、說以及解決問題

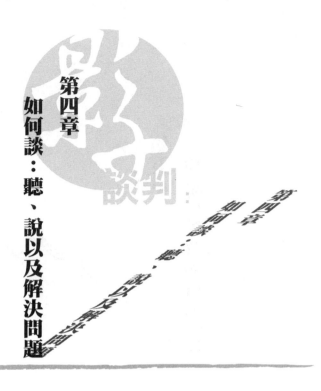

第五章 知道什麼時候可以喊停

影談判：

第六章 各種情況下的談判

第六章 各種情況下的談判

談判
由你決定遊戲規則

第一章

當你正在衝突中，怎麼辦

第一章
當你正在衝突中，怎麼辦

第一章
當你正在衝突中，怎麼辦

在衝突中轉變觀念

在日常生活中，衝突是一種不可避免的並且正常的現象，談判中就更是如此，談判雙方在利益上不可能不存在衝突。通常的情況是，當其中的一方感覺自己的利益受到另一方的威脅或者相應的個體之間的利益不一致時，衝突就會發生。

事實上，衝突往往具有兩面性，它在降低組織效率的同時，也可能激發雙方的創造性。因此掌握衝突正確的處理方式是非常重要的。而談判本身作為一種協商和討論的過程，就是重要的而且有效的衝突處理方式，如何在談判中抑制衝突的破壞性而利用其建設性，成為目前談判學家研究的重點。

影子談判：由你決定遊戲規則

管理學家芭芭拉·A·布賈克·科爾韋特在衝突解決和談判方面累積了豐富的經驗，她在著作《談判與衝突管理》中獨樹一幟，強調了在談判過程中隱含的心理學因素和社會學因素以及談判者個人方面的因素。而更重要的是，這本書還對人們頭腦中的一些先入為主的觀念提出質疑和挑戰，從而達到轉變讀者對談判的傳統想法，而最終的目的是改變他們的談判方法。

一個成功的管理者應該明白，如果一個人總是採用與他自己的人格和性格不一致的做事方式，往往很難有效。

專家的建議是談判者可以從本人累積的經驗以及談判領域中其他專家的經驗中提煉出最好的方案，並把這些建議與心理學和社會學的基礎知識完美地融合在一起。

如何正確地解決衝突？應該有兩個重要的因素：

第一是正確認識衝突；

第二是轉換觀念與思路。

第一章
當你正在衝突中，怎麼辦

值得慶幸的一點是，人們對衝突的認識是在不斷變化的，從片面否定衝突到衝突的二重性，而發生衝突的原因又是多樣化的，包括目標、資源、任務、報酬分配、文化差異等。很顯然，在這種情況下，談判是有效解決矛盾和分歧的一種溝通方式。

在此基礎上，專家建議我們可以換一個角度去看問題，許多人發現在談判中，雙贏局面其實很難實現，往往在戰鬥激烈時，人們很難思考該如何達成雙贏的結果。因此，轉換觀念不失為一個好方法。關於這一話題的研究都發現，嘗試將解決衝突當成一次旅行的方式都是有效的。因為以這種方式看待衝突及解決衝突，就會發現其實它們是談判的本質，是談判不可或缺的一部分。而談判專家彼得・M・凱利特和戴安娜・G・多爾頓更是指出：「衝突是談判中固有的存在物。」

大多數人都不喜歡衝突，因此我們總傾向於安撫敵手——那些吱吱呀呀作響的聲音。我們想要的只是維持平和的局面，因此經常出現一方大發雷霆而另一方選擇息事寧人。而更壞的結果是這種為和平付出的代價將成為對手為自己謀得利益而使用的伎倆。

因此一味的維持和平，更準確地說是壓制衝突，似乎對現狀起不了太大的作用。因為衝突是一個無法改變的已存事實，因此，我們要做的不是壓下不管，相反的，而是應該直接拿到桌面上來處理。

肯尼士．克洛克說：「壓制衝突是對邪惡的容忍，對不公的贊同，這種做法本身就是該被壓制的。」

有的專家會建議在差異存在的時候，主動使其變成衝突，這樣一來就會逼著大家去正視這個問題。衝突讓大家停下腳步，並且誠實面對眼前嚴重的問題，但是考慮到雙方關係的基礎，時機是所有解決衝突的關鍵。

不過最好的辦法還是雙方共同解決問題，這是在衝突存在的情況下，最好的預想了，儘管實現起來有一定的難度。無論是個人還是一次談判，都需要追求一種平衡，從而來解決衝突，不管是內部的還是外部的，都需要調整與適應。而針對外部的談判，比較困難的是與惹不起的客戶談判，當與這種對手產生衝突的時候，以弱對強變成了每個人都感興趣的題目。這個最重要的是心理上的不恐懼，所以有專家提到不要對談判對象投入太多的感情，那樣只會一味讓步妥協，卻無法凸顯解決問題的重要性，同時還要提防客戶情緒化的勒索。態度溫和，立場堅定，成為談判專家最為推崇的方式。

從重新認識衝突及其解決之道開始，在談判中，對於那些吱吱呀呀的聲音，是一味的讓路還是阻止它前行，採用什麼樣的新觀念和方案來處理衝突，是一個值得思考和討論的問題。

影談判：由你決定遊戲規則

搬出權威的協力廠商

人們總是傾向於公平、公正的原則，這些原則能夠讓我們感受到彼此之間是處於同一水平線上。這樣，我們會認為彼此正在做的事情是以合理的規則為準則，享受公平合理的對待，既不享有任何特權，也可以不履行任何不公平的義務。

這種感知，在談判中，會讓人感覺彼此的利益得到了均衡。瞧，你不欠我，我不欠你，你不吃虧，我也得利！彼此的需求得到了滿足，事情最終也得到了解決。

當衝突產生的時候，意味著這種平衡被打破了，互相都覺得自己可能就是吃虧上當的那一方，都開始不想妥協。在這種劍拔弩張的時刻，如果出現了協力廠商會是怎樣的情況呢？

第一章
當你正在衝突中，怎麼辦

克萊斯勒汽車公司是美國的第三大汽車製造企業。一九二五年，沃爾特・P・克萊斯勒脫離通用汽車公司，自行創設了這家公司。同年，該公司買下麥斯威爾汽車公司。一九二八年又買下道奇兄弟汽車公司。一九三六～一九四九年，曾一度超過福特汽車公司，成為美國第二大汽車公司。但是，二十世紀五六十年代之後，這個企業開始日趨低靡，在之後的許多年少有起色，尤其是在一九八〇年幾乎破產。在處於最危機的時候，曾擔任過福特汽車公司總裁的李・艾柯卡想力挽狂瀾。為了能夠維持公司最低限度的生產活動，艾柯卡請求政府給予緊急經濟援助，提供貸款擔保。但是，這一請求引來了許多反對的聲音，因為美國大眾認為在經濟自由競爭的情況下破產是很正常的事情，不應該得到政府的援助。所以，當時的社會輿論和國會議員更傾向於直接讓克萊斯勒公司關門大吉，政府不應該涉及私人企業的經營。但是，艾柯卡用了一個很有巧妙的方法改變了大眾的觀念，並最終挽救了克萊斯勒公司。下面是國會聽證會上的對話：

參議員、銀行業務委員會主席威廉・普洛斯邁質問艾柯卡：「假如保證貸款案得以通過的話，那麼政府對克萊斯勒將介入更深，這對你長久以來鼓吹的非常動聽的主張（指自由競爭）來說，不是自相矛盾了嗎？」

「你說得一點也沒錯，」艾柯卡回答說，「我一輩子都擁護自由企業，這一點是不變的，其實，我個人是不想來這裡的，但是，我們公司現在的情況的確是非常糟糕，只有取得聯邦政府的某種保證貸款，這家公司才能夠獲救。」艾柯卡稍稍停了一下，說：「我這不是在撒謊，其實在座的各位參議員先生都比我明白，克萊斯勒公司的貸款請求案並不是首開先例。實際上，你們的帳冊上目前已有四千一百九十億美元的保證貸款額，所以務必請你們通融一下，不要到此為止。」

艾柯卡為了讓這些議員認清政府不提供貸款擔保的後果，反問對方：「假如克萊斯勒倒閉了，全國的失業率將在一夜之間暴漲零點五個百分點，這對這個國家有什麼好處呢？假如克萊斯勒倒閉了，造成數十萬民眾失業，難道說就不違背自由企業經營的精神了嗎？」

艾柯卡還說，如果這個時候克萊斯勒公司倒閉的話，那麼外資企業就很可能乘虛而入，尤其是日本汽車廠商，那麼，到時候，他們就只有投入日本汽車廠商的麾下，為其服務了。他還引用了財政部的調查資料。這些資料表明，克萊斯勒公司倒閉引發的人員失業，可能會讓政府付出二十九億美元的保險金和福利金。這個代價是十分昂貴的。艾柯卡對這些議員說：「各位可以自由選擇，你們想現在就拿出二十九億美元呢？還是把它的一半作為保證貸款，並可在日後全部收回？」艾柯卡讓國會議員瞭解到這次談判破裂後可能引發的負面後果，並成功得到了十六億美元的貸款。

這個案例和協力廠商有什麼關係呢？我們可以從中看出，本來在這個大眾抵觸的談判中，克萊斯勒公司似乎岌岌可危，但是，當艾柯卡拿出官方的權威資料，

數字談判：由你決定遊戲規則

或者說協力廠商證據的時候，讓對方認識到談判成功的重要性。

哈佛商學院十分注重談判中協力廠商的存在和作用。這裡的協力廠商含義很廣，它可以是人（專家）也可以是物（各種權威資源說明），讓別人知道我們提出的條件並不是空口無憑，而協力廠商的權威性也有利於建立良好的信任感。

談判中抬出權威來說話，就是「權威說服法」。比如，有些推銷人員在賣保險的時候，喜歡提到權威人士。他們說：「你們的總裁也買我們的保險了。」大家會說：「噢，我們的總裁那麼精明能幹，他都買你們的保險，看來你們的服務和品質真的不錯！我可以考慮。」他沒有經過判斷，就這麼做了。這就是利用了權威的協力廠商的心理。

有的時候，沒有比較權威的人可以搬出來，就可以用數字，用統計資料。因為一般人認為數字是不會騙人的，比如，你和客戶洽談產品購買協定的時候，說：這家工廠用了我們的機器後，產量增加百分之二十，那個工廠用了我們的電腦後，效率提高了百分之五十。你把這些數字拿給客戶看，客戶很容易就接受了。有的時候，產品剛剛出現，還沒有那麼多客戶，沒有那麼多統計數字的時候，還有一種方法，就是用前面的顧客買了自己的產品覺得滿意寫來的信函。這個時候，這種做法對新顧客，對一些小的公司也能起一定的影響作用，這就是權威的心理。

協力廠商的存在可以正面說明，也可以反面說明，簡單地說，就是你既可以透過權威協力廠商表現出你的優勢，加大對方和你談判成功的價值，也可以反面論述，如果對方不能滿足你的條件導致談判破裂，他可能會有哪些損失，等等。這些都是可以靈活運用的。

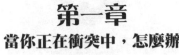

談判：由你決定遊戲規則

別把對方想像成敵人

談判開始的時候，和緩地說明你的情況，搔搔你的頭，承認你可能出錯。記住：「犯錯是人，寬恕是神。」要毫不猶豫地說：「在這個問題上我需要你的說明，因為我不懂。」你應該給人以天鵝絨般柔軟溫和的印象，而不是像砂紙一樣粗糙不平。一旦有機會，大多數人願意做一個親切而易於打交道的人。

換句話說，人們願意按你希望他們表現的方式來表現自己。因此，要用得體的方式與對方交談，維護他們的尊嚴。即使對方有令人反感的、消極的和執拗乖張的名聲，他們也會被一種明確傳達的期望的態度所感染並消除敵意。

第一章

當你正在衝突中，怎麼辦

如果在談判中，你首先把對方想像成不可戰勝或者不能共存的敵人，那麼，很多有效的談判策略就很難在你這種偏激的心態下成功實施。這是哈佛談判小組不宣導的行為和觀點。所以，我們要嘗試從對方的觀點或資料來看問題。他們說話時，要聚精會神地聽，這會阻止你去進行對立的爭論。不要引起摩擦，因為你如何表述某件事，經常決定著你得到的反應。在回答他們的時候，要避免用絕對的詞語，要學會用「我想，我聽到你說的是……」作為你回答的開場白。

這種「潤滑劑行為」將使你的話變得婉轉溫和，使摩擦減至最低限度，使雙方變成同盟者，共同尋找可以接受解決問題的方法。

卡內基認為：「事情辦得好壞，完全取決於方法。」當人們相互視為對手的時候，他們就相互疏遠，甚至透過協力廠商來打交道。這是一種不幸的隔閡。從這種隔閡出發，他們互相提出要求和反要求，宣佈結論，衝動的發出最後通牒。由於每一方都想增加自己的相對優勢，雙方都將對談判有意義的資料、事實和資訊祕而不宣。人們的感情、態度和真實需要被隱藏起來，以免被對方利用。

影子談判：
由你決定遊戲規則

顯然，在這種氣氛中，為滿足雙方的需求而談判實質上是不可能的。然而，應該認識到，人類的獨特之處，就在於人們各自有的目標是可以並存的。在這種認識下，人們可以坦誠相待，互相信任，可以交換看法、事實、個人感受和需要。透過這種無拘無束的交往，人們可以找到使雙方都成為贏家的創造性解決方法。

二十世紀四〇年代中期，霍華德．休斯製作了一部影片《亡命徒》。該片由簡．拉塞爾主演。這部影片也許會被遺忘，但是這個電影的大幅張貼廣告令人難忘。那個畫面是簡．拉塞爾仰面朝天地躺在乾草上。那時，休斯非常欣賞拉塞爾，所以和她簽訂了一個年薪一百萬美元的合約。

十二個月以後，拉塞爾認真地表示：「我想依據合約要我的錢。」霍華德解釋說他此時沒有流動資金，但是有很多財產。拉塞爾的態度是，她不要藉口，她要她的錢。休斯繼續向她說明他現金周轉暫時有問題，並請求她等一等。拉塞爾一直指著法律合約，上面清楚地要求年底付款。

第一章
當你正在衝突中，怎麼辦

雙方的需要似乎無法達到共識。他們互相敵視，相互鬥爭，透過律師來處理問題。以前那麼親密的工作關係已經變成了一場鬥爭。一時間，謠言四起，人們傳聞這件事將以訴諸公堂而告終。要知道，霍華德是那種願意在隨後的關於指控環球航空公司的官司中花一千兩百萬美元訴訟費的人。如果這種對抗訴諸法律，誰會贏？也許唯一的贏家是律師！

這場衝突如何解決？實際上，拉塞爾和休斯明智地說：「你看，我和你情況不同，我們有不同的目標。讓我們看看能不能在相互信任的基礎上分享資訊、感受和需要。」他們恰好是這樣做的。然後，作為合作者，他們找到了創造性的解決方案。這種方案解決了他們的問題，滿足了雙方的需要。他們將原來的合約轉換成一份二十年的協定，每年支付五萬美元。這份合約包含同等額度的錢，只是它現在的實現形式與以往有所不同。

這樣一來，休斯解決了他的「現金周轉」問題，保住了本金的利息。另一方面，拉塞爾透過將其必須納稅的收入分攤在一段時期，可能減少她的稅款，從中受益。由於得到相當於為期二十年的年金，她解決了日常財務問題。

演員的職業通常是很不保險的。從個人需要來看，拉塞爾和霍華德都是大贏家。況且，拉塞爾不僅挽回了面子，而且維護了自己的利益！

談判：由你決定遊戲規則

記住，當你和類似於霍華德・休斯這樣的怪人打交道時，儘管你是對的，你也可能會輸，所以，不要固執於自己的想法，而要適當地做出妥協，以充分發揮「潤滑劑」在談判中的作用。

第一章

當你正在衝突中，怎麼辦

主動說出對方的反對意見

談判是一個你來我往的過程，這其中，有在短時間內可以協調的內容，也有可能長時間不能協調的內容，對於你所提出的想法和意見，對方有反對的權利，當對方覺得你提出的條件、要求和他的有分歧、衝突的時候，或者某個觀點對方不苟同的時候，他就會站出來反駁。

談判是一種溝通，溝通就有思想的統一或者觀念的碰撞，這是不可避免的。就好像買賣交易的時候，顧客會說：「嘿，夥計，這個實在是太貴了！」租賃房屋的時候，房客可能提出：「這裡的光線真是不太好！」這種情況下，如果你的回答是：「哪有很貴，這已經是性價比很高的房屋了！」或是「這裡的光線已經比其他很多地方都充足了，真不知道你是怎麼想的！」這樣生硬的回答勢必會引起對方的反感，他會想：「怎麼，我連自己的想法都不能說出來嗎？我就不能給你提反對意見嗎？」你要是提前把這種情況預料到，在對方說出太貴或者光線不好的話之前，就主動提出：「哦！這個東西雖然貴一些，但是，手工和品質是不一般的。」「這裡是背光面，光線或許不是很充足，但是地勢很好，透過窗戶可以看見遠處的山，風景真是好極了。」

當你把這些可能會引起對方反對的小細節主動暴露出來的時候，會顯得無足輕重，暗示對方我能夠把這個問題說出來，說明這並不是什麼大不了的事情。因為你刻意隱瞞的事，如果被對方察覺出來，他就可能會誇大這件事帶來的消極影響。而你的坦白不但淡化了問題，還能夠帶來對方對你的信任。

所以，談判的時候，把方案帶到對方那裡之前，應當想到對方會提出哪幾種反對意見。如果坐到談判席上，在意想不到的情況下突遭對方的反駁後再支支吾吾地招架，則有失體面。如果事先估計到對方會反駁，只是準備一些應答的對策還遠遠不夠，這樣很容易在談判中失利。在爭論中佔據上風並不是談判的根本目的，充其量不過是談判形勢的走向問題。

那麼，應當如何對待意料之中的反對意見呢？

當估計對方會予以反駁時，在他們還沒有說出之前，你讓同伴或者自己將預料到的反面意見說出來，然後將其否定。

尤其是帶著團隊進行談判的時候，可先與同伴進行磋商，列舉幾條意想中的反對意見，事先安排好，「估計對方會以此為理由攻擊我們，你先主動地把這個問題提出來！」在談判中，當同伴講出這個意見以後，你馬上指出：「不對，這種觀點是錯誤的。」如此，將這些反對意見一個一個地化為烏有。同時，我方的幾個人之間還可以故意發生爭執。這樣做不會在對方面前露出什麼破綻，反而會在保全對方面子的情況下使其接受你方的方案。反對意見多種多樣，有的可以從理論方面回答，有的無法用語言去解釋，只能憑自己的感覺去理解。對方提出的意見可以用道理來說明的部分很好處理，至於那些難以解釋的問題，最好還是用內部爭吵的方法

影子談判：由你決定遊戲規則

來解決。

我們總是有意識地將與會者分為說服的一方和被說服的一方，這種想法是不可以的。對方有三個人，我方也有三個人，我們應當把這看作與會的六個人正在共同探討同一個問題，而不是三比三的對話。

所以，我方的與會人員有時最好也處在相互敵對的關係上。因為如果總是保持一致對外的姿態，對方就會產生一種隨時有可能遭到我方攻擊的顧慮。而當面對一對一的談判時，無論事先做過多麼周密的準備，一旦到了談判桌上，仍然會察覺到要有某種反對意見出現。這時，你可以把它處理為臨來之前曾經聽到公司裡有人提出過這種意見。這樣，當你發覺這種反對意見即將提出的時候，就搶先說道：「在公司裡談論這個方案的時候，有個傢伙竟然這樣說……」這麼一來，不管有沒有持這種意見的人，都會產生敲山鎮虎的效果。說完以後，你還要徵求對方的意見。聽你這麼一說，只要不是相當自信的人就很難說出「我也是這麼想的」這句話。即使摩拳擦掌準備提出這種反面意見的人，也不願落得與「有個傢伙」相同的下場，所以只得應付說：「是嗎？這麼說可就太奇怪了。」用這個辦法，將對方的反面意見壓制住，哪怕只有一次，在以後的談判過程中對方就不會輕易反駁了。

此外，還有一個辦法：搶先說出對方從他們自己的立場出發所產生的不安和所要承擔的風險。如說：「我如果是經理的話，這種事情太可怕了，恐怕不敢賭說。」或者說：「也有出現這種情況的可能，所以如果我站在經理的立場上，也許會想辦法迴避。」把自己所預料出現風險的可能性間接地表達出來。在達成協議還是談判破裂的岔口上，語氣再稍微強硬一些也未嘗不可，「如果站在經理的立場上，我會認為，造成談判破裂要比被迫接受對方的條件可怕得多。」

把既成的事實強加於人，這是被說服一方最厭惡的一種做法。當我方內部出現爭論的時候，很容易形成一種在場所有人都在議論的氣氛，結論也彷彿是在對方的參與下得出來的。於是在大家的思想中能夠形成一種全體參與、共同協商的意識。

第二章
從不良情緒走向問題的解決

第二章
從不良情緒走向問題的解決

第二章
從不良情緒走向問題的解決

承認有情緒是一件自然而然的事

在談判中，我們無法做到完全理智地去分析、研究每一刻。你是在談話中為己方謀求某種利益，這就註定了要有語言交流的過程，這會讓你的內心產生某些波動。所以，情緒的存在是必然的。

談判者在談判過程中就跟在生活中一樣，有可能存在很多不同的情緒。簡單地說，你在談判過程中，由於各種原因可能會出現生氣（談判對方對你使了卑鄙的手段）、高興（你感覺自己即刻就能贏得此次談判，獲得你想要的結果）、恐懼（忽然發現自己好像不能控制談判的全域）、難過（即將到手的利益下一刻就沒有了）等情緒。此時，和你情緒相應的行為也有可能同時發生。比如，我們生氣的時

談判：由你決定遊戲規則

候，可能會大喊、尖叫、講粗話、用拳頭擊打東西、臉色通紅、停止傾聽、身體前傾、進行威脅、停止談話，或者用凌厲的語言壓倒其他人。我們難過的時候，經常停止傾聽、後退、停止談話、停止思考、生病、哭叫、停止眼神交流。我們高興的時候，很可能常常發笑、過分交談、簡化思考、給予恩惠、讓問題順其自然。我們恐懼的時候，有可能停止傾聽、停止思考、顫抖、口吃、沉默不語、停止抵抗、逃避或逃走。

如果你要問，在需要保持冷靜和理性的時候，有了情緒，這是一件壞事嗎？

也許是，也許不是。

為什麼呢？這就要看是在什麼情況下出現了什麼情緒。因為，情緒可以作為查知資訊的一種手段，或者是迷惑對方的一種技巧。比如，談判對方獲得絕對的優勢，如果此刻你情緒化很嚴重，無疑就會讓你對自己的能力（觀察能力、檢驗能力、推理能力）失去控制；如果對方變得情緒化，可能同樣如此。而由於情緒對資訊搜集和思維的影響，人們有時會把情緒化提高到對他們有利的水準。所以，情緒

第二章
從不良情緒走向問題的解決

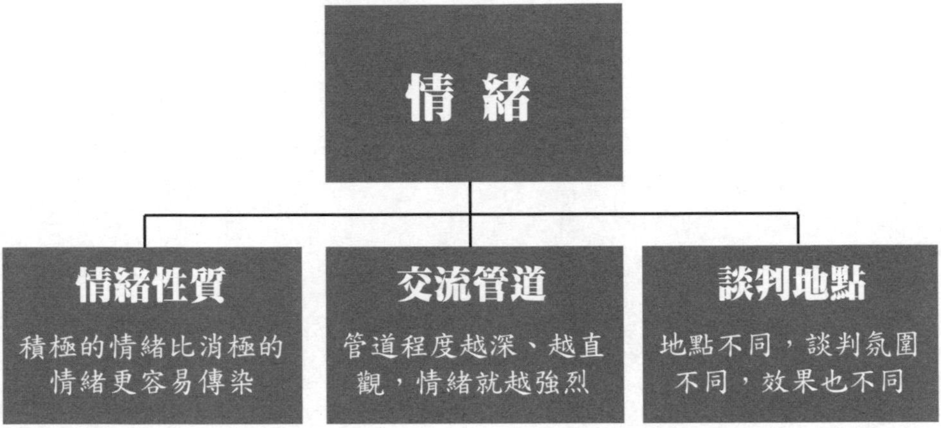
情緒
情緒性質
積極的情緒比消極的情緒更容易傳染
交流管道
管道程度越深、越直觀，情緒就越強烈
談判地點
地點不同，談判氛圍不同，效果也不同

的自我控制和運用，在談判中就會顯得非常重要，在談判前和談判進行時，你必須要想到這樣一個問題——在談判和衝突中誰最有可能變得情緒化，並且誰最有可能受情緒影響？

那些富有表現力的、富有超凡魅力的人和那些迷住其他人的人是情感的最有力的發送者。他們富有高度的表達力並且有能力吸引其他人的注意力。這是個性因素的影響，不過，不是誰都這麼幸運，有這種上帝賜予的天賦。那麼，談判中的情緒會受到哪些因素影響呢？

影響談判：由你決定遊戲規則

1．情緒性質：

積極的情緒比消極的情緒更容易傳染。情緒的性質不同，它的感染力也不同。與人交流的時候，積極的情緒就比消極的情緒更有影響力。比如，談判中高興的情緒很難壓制住，同時，給對方的衝擊性也會十分強烈。

2．交流管道：

管道程度越深、越直觀，情緒就越強烈。情緒可以透過肢體語言、面部語言、聲音（音調、音量等）傳達給對方。交流的管道越多、越直觀，情緒的感受就越強烈。比如，面對面的討論比視訊會議更具有傳導性，比寫信和電子郵件的傳導性就更高了。用電話交談或用電子郵件交流更適宜力量弱小的談判者，因為這些形式使力量上的差別平衡了。

3．談判地點：

地點不同，談判氛圍不同，效果也不同。地點不同，營造的氛圍也不同，情緒傳達的具體形勢就會發生戲劇性的不同效果。比如，你要和戀人商談某事，咖啡館、西餐廳就絕對比醫院、超市更具有說服力，因為這些地方感性的成分比較多。

第二章
從不良情緒走向問題的解決

在談判中，尤其是商務談判中，當雙方處於激烈爭執中的時候，他們從心理上已經準備好了要進行一場較量，這樣的情緒可能要比準備與對方同心協力的情緒強烈。談判者認為某事越重大，他就越注意防範對方在這件事上對他的威脅。一方的情緒會引起另一方的情緒，這種情緒如不及時疏通，就容易把談判帶入僵局甚至破裂。因此談判者要首先瞭解對方和自己的情緒，尤其是自己的情緒，要防止它對你產生不利影響。

情緒如同洪水一樣，若不及時把它排放出去，會像水庫裡不斷漲高的洪水，給我們的心理堤壩造成強大壓力。對此，我們不能採用堵的方法，因為隨著水位的升高，堵塞只能是暫時的，到一定程度就會決堤，那時情況失控，就更嚴重了。從科學上來講，對於這樣的情緒，最好的辦法是疏導。霍桑工廠的談話試驗就是很好的例證。

美國芝加哥市郊外的霍桑工廠是一個製造電話交換機的工廠，薪資及各方面待遇都相當不錯，但工人們仍然憤憤不平，生產狀況也不理想。為探求原因，美國國家研究委員會組織了一個由心理學家等多方面專家參與的研究小組，對工廠生產效率與工作物質條件之間的關係進行了研究。

在這一系列試驗研究中，有一個是談話試驗。在大約兩年多的時間裡，心理專家們找工人個別談話兩萬餘人次。在談話中，專家耐心地聽取工人對管理的意見和抱怨，沒有任何反駁和訓斥，讓工人們把不滿情緒盡情地宣洩出來。出人意料的是，談話試驗收到了非常好的效果：工廠的工作效率大大提高。

關於這個試驗，心理學家分析，工人長期以來對工廠各種管理制度有諸多不滿而無處發洩，專家們的談話方式能讓他們將這些不滿發洩出來，對情緒起到了疏導的作用，從而使工人們心情舒暢，幹勁倍增，工作效率自然也大大提高。

第二章
從不良情緒走向問題的解決

哈佛商學院關於談判有一個這樣的概念——談判內容和談判方的情緒有密切關聯。用情緒影響他人的能力對談判者來說是一種非常有力的策略和技巧。你能夠在談加薪的時候，讓你的上司覺得那是理所應當的事情，你可以在和丈夫或妻子的爭論中讓對方心服口服，你可以讓綁匪覺得自己應該即刻放下手中的武器，那麼，你就已經達到了你的談判目的。

影 談判：由你決定遊戲規則

情緒性僵局

情緒性僵局是指由於談判雙方感情上的問題，表現為情緒性的對立，從而使談判無法進行下去，形成對立的局面。假如在一次談判中僵局已明顯化，雙方又爭執不下，致使談判毫無進展，面對這種明顯的談判僵局，如何妥善處理，是關係到談判效果的大問題。

情感表露會對談判產生重要影響，當然最期待的是談判對手的感情洩露能有助於談判的順利進行。例如，談判對手剛剛做了一筆漂亮的生意，或者買彩票中了頭獎，使他在談判中不禁喜形於色。對方高昂的情緒可能會使得談判非常順利，很快達成協議。然而，我們也有可能會碰到不如意的對手，他們在談判中情緒低落，

第二章
從不良情緒走向問題的解決

情感措施

變換方向

休會改期

甚至可能對我們大發雷霆。感情洩露在談判中有時難以抑制。個人的情緒還會有一定的傳染性，如果處理不當，衝突激化，就容易使談判陷入不能自拔的境地，形成情緒性僵局。

很多人對於談判在認識上有一種錯誤，覺得只要是表現得能言善辯就一定是最好的談判者，這是十分危險的一種想法。過於強勢地表現自己口才的人，往往容易給人一種咄咄逼人的印象，因為你急於將自己的想法強加給對方。如果談判雙方都是這樣的人，那麼就很容易演變成不利於結果的競爭型談判。

我們最好擁有這樣的觀念——以人性化的方式讓對方改變觀點或心態，達成共識。

有經驗的談判專家建議，處理談判中的情感衝突，不能採取面對面的硬式方法。採取硬式的解決方法往往會使衝突升級，反而不利於談判的繼續進行。對待過激的情緒問題，我們不妨從以下三個方面來著手解決。

什麼是情感措施？

我們不止一次地提到過，談判的對象是人，是人就會有情感，就會有一種建立社會需求和社會關係的心理。當一次談判無法再正常運行的時候，我們可以試著淡化談話中的矛盾，將各執己見、互不相讓的緊張氣氛舒緩下來。比如，建議把手頭的問題放一邊，安排雙方人員共同去遊覽觀光、出席餐會或參加娛樂活動等。即使在遊樂的過程中，雙方也不妨不拘形式地就某些僵持的問題交換意見，在融洽輕鬆的氣氛中消除障礙，使談判出現新的轉機。在商務談判中，為了緩和氣氛，已經合作過的對象，我們可以回顧雙方以往的合作歷史，強調和突出共同點和合作的成果，以此來削弱彼此的對立情緒，達到打破僵局的目的。

第二章 從不良情緒走向問題的解決

什麼是變換方向？

我們都知道，談判不僅僅指商務談判，它涉及生活中大大小小兩人以上的爭論性內容，這一點我們已經在上文有所提及。所以，我們不能將每一個談判者都理解為具有專業知識和禮儀的職業談判人員。很多時候情緒性僵局並非因為雙方本質利益的衝突，更大程度上是因為談判人員本身的因素造成的。這些因素包括談判人員的性格、年齡、知識水準、生活背景、民族習慣等。在出現情緒性僵局的情況下，如果處理無效，那麼我們可以及時更換人員，把矛盾轉移。

同時，這種做法也可以用在談話技巧上。先撇開爭執的問題，去談另一個問題，而不是盯住一個問題不放，不談妥誓不甘休。例如：在價格問題上雙方互不相讓，僵住了，可以先暫時擱置一旁，改談交貨期、付款方式等其他問題。如果在這些議題上對方感到滿意了，再回過頭來談價格問題，阻力就會小一些，商量的餘地也就更大些，從而彌合分歧，使談判出現新的轉機。

談判：由你決定遊戲規則

什麼是休會改期？

休會主要用於商務談判，是談判人員比較熟悉並經常使用的一種策略。從生理上來說，它能夠恢復談判人員的體力，從精神上來說，它是一種調節情緒、控制談判過程、緩和談判氣氛、融洽雙方關係的一種策略技巧。談判雙方有觀點、情感、利益上的衝突，如果繼續談下去，也只能是徒勞，甚至有可能將之前辛苦建立的成果都歸零。所以，這個時候休會，是給雙方一個冷靜思考和再處理的機會，讓彼此都能夠客觀地分析形勢、統一認識、商量對策。

談判的任何一方都可以把休會作為一種戰術性拖延的手段。比如利用休會時間走出房間打個電話，回到談判桌邊時可以說：「原來說過要在某一特殊問題上讓步是不可能的，但是上級現在指示可以用一種途徑，比如……」這樣讓對方感到你改變觀點是合理的。但是，在休會之前，務必向對方重申一下己方的提議，引起對方的注意，使對方在頭腦冷靜下來以後，利用休會的時間去認真地思考。比如，休會期間雙方應集中考慮的問題可以為：貿易洽談的議題取得了哪些進展？還有哪些方面有待深談？雙方態度有何變化？己方是否調整一下策略？下一步談些什麼？己方有什麼新建議？如此等等。

那麼，當對方採用這種休會的策略時，我們可以根據自己身處的境況，來分方法處理。

我方佔優勢——當我方有絕對優勢的時候，這種一邊倒的趨勢就可能給對方很大的壓力。這個時候，對方休會的意見，我們可以適當地佯裝不知，直到對方有所讓步。

雙方優劣相等——如果對方因為長時間的戰鬥，已經開始出現疲勞並要求休會的時候，我們可以設法再拖住對方多聊一段時間，在精神倦怠時，也是對方意志薄弱容易妥協的時候。

影子談判：
由你決定遊戲規則

如果對方情緒惡劣，具有攻擊性和競爭性，那麼，最簡單的方法是在雙方即將撞擊的那一刻，巧妙地閃到一邊，順水推舟，告訴對方：「我來這裡是跟您談生意的，不是來跟您一決雌雄的，我想我們有更重要的事情要處理，大家都不願意浪費時間，為什麼不先達成協議，如果有時間的話，再爭個勝負也不遲。」對付這種人最不明智的做法便是和他同樣具有攻擊性，結果只能使對方不快，甚至拍桌子走人。

第二章
從不良情緒走向問題的解決

別忘了自己的初衷

在某些情況下，我們會變得斤斤計較，十分在意對方是否與自己意見一致。這時，意見不合似乎就成了引發談話衝突的最主要原因。我們同意的，他們不同意；我們需要他們做的，他們不想做。無論我們最後是否堅持己見，意見不合都會讓我們產生一種受傷和失落的感覺，或是讓我們覺得自己被誤解了。而且，由意見不合所造成的影響還會一直延續到將來，無論何時，我們只要一想到它，當初所受的傷害和失落感就會不由自主地湧上心頭。

隨著談判的進展，不知不覺之中，你可能會把擊敗對方、駁倒對手作為自己談判的目的，或者其他的各種因素，如上文提到的，情緒化的產生就不是不可能的

影子談判：由你決定遊戲規則

事了。但很多時候，我們需要明白一點，談判是為了實現彼此利益而探討達成共同觀念的共識，所以，這個時候，千萬不能因為情緒的侵襲，就忘了自己的初衷——

你在這裡，和另一個或者另一群人進行談話，是為了什麼？

你想要從對方的身上獲取什麼？

你的目的是否已經達到了？如果還沒有，那麼，現在你到底在做什麼？

談判並不是要證明你比對手更高明些，而是為了取得更多的利益。如果你覺得魯莽地接受對手的要求會後悔不已的話，就請暫時回到談判的起點去。比如說，你在進入會議室之前，想過要達成什麼樣的目標，或者前天雙方進行協商時，你說過要實現什麼樣的目的。深呼吸，平心靜氣地反思一下。在律師之中，有些人會這樣：他們把令對手屈服作為談判的目的，把委託人對自己的委託忘得一乾二淨。這一點，就是我們要勸誡自己的地方。

所以，如果在談判的時候，我們因為情緒原因有所阻滯，就要問自己以下幾個問題——

第二章
從不良情緒走向問題的解決

我們為什麼而爭論？爭論對這件事有什麼益處？為什麼從一開始的和諧共處演變到現在的硝煙彌漫了呢？到底是哪個環節出了問題？我們要怎樣才能把問題的實質和關鍵引回到起點呢？

寬容一點，告訴自己，「每個人都有自己看待事物的觀點」，每個人都有自己的想法，不要總覺得正確的只有自己，每個人所處的立場和角度不同，追求的利益和需求就不一樣。如果每個人的想法在一開始便是千篇一律的，那麼，就根本沒有談判的必要──也根本就不會有談判了。

「我們堅持的是否是正確的」──除此之外，我們還應該讓腦海裡迴蕩這樣一種聲音。如果你所堅持的，換來的只是一場無謂的爭辯，永恆的循環，那麼，你就應該考慮自己是否應該繼續下去。無謂地爭辯，這種行為本身是解決不了問題的。我們都覺得對方可能無視我們的想法，忽視我們本身的情緒，我們覺得對方是不可理喻的，並認為自己受到了不公平的對待。

其實，我們本身並不是糾結在是否受到尊重和重視這一點上，而是被結果的

影子談判：
由你決定遊戲規則

挫敗感所打擊。所以，當我們為這種可能到來不利於自己的結果煩惱的時候，我們已經開始忽略自己的初衷了——忘了自己到底是來幹什麼的，忽略了問題最關鍵的本質，只是在為一個可能傷害到自己的未來而憂慮和煩惱。

你抓錯了重點！

但是，雖然是這樣，擺在我們面前的選擇似乎也只是繼續爭辯下去，因為，我們可能根本就不知道下一步應該怎麼辦。我們沒辦法假裝情緒已經不存在，假裝剛才的爭論甚至爭吵都能像霧一樣散開，我們根本就沒辦法當作什麼都沒有發生過，而若無其事地回到起點。不過，如果爭辯於事無補，那我們又能做點什麼呢？

那就是守住底線，絕不動搖事先決定好的「最低目標」。

也就是說，在談判前，我們一定要確定好自己的底線，亦即「最低目標」。尤其是要定好自己所能夠接受的最低限度的條件或最低價錢。否則，如果我們只是一味降低目標向對方妥協，那麼，等談判結束以後，我們很可能會十分後悔——「為什麼我當初就不能再堅持一下呢？」「為什麼我會一再地退讓呢？」「哦！天哪！我竟然已經損失了那麼多東西！」因為有一些談判，尤其是在進行國際貿易洽談的時候，很多人因為長期戰而疲勞，會逐漸有所鬆懈，乃至於最後產生倦怠的情緒。他們會對自己說——「噢！我真是太累了，我真想回去好好地睡上一覺，吃上一份完美的早餐！那麼，我現在稍微讓步，吃些虧，也是可以原諒的。」「真希望這樣的談判早點結束，真是讓人心情不快！」

當談判中遇到了各種問題——情緒性、生理性問題——比如，你生氣了，你疲勞了，你甚至有點想放棄了，這時候，你需要思考放棄後的結果：這種結果你滿意嗎？這種結果你真的可以接受嗎？現在手上的權力你確定要放棄了嗎？即使明知道自己吃虧了，你也不會事後後悔嗎？

我們可以來看一個例子：

這是一次關於進出口許可證的談判。卡爾是一位服裝設計店的老闆，他已經買下了下其在美國的服裝品牌許可，打算推廣自己的品牌到日韓國家。雖然MR. C

影子談判：由你決定遊戲規則

Arl是一個性格溫和的大好人，風趣幽默、性格和藹，他能夠和他的多數客戶建立起長久的關係，但是，這種性格，在關於許可證費率的爭取上，卻是不佔優勢的。因為，那種針鋒相對、討價還價的緊張氛圍會讓他不知所措，充滿痛苦。所以，他找到了談判專家湯瑪斯。

「湯瑪斯，你知道，許可證費率如果超過了百分之三，就不是很合算了。所以，我們這一次的目標是一定要守住這個百分之三。」

卡爾和湯瑪斯在談判前就商定好了這一底線，但是，對方一直堅持百分之五的費率不動搖，在談判進行到下午的時候，卡爾已經顯出疲勞的跡象，他摸摸額頭，歎出一口氣來。湯瑪斯看出卡爾已經有些倦怠，甚至是不耐煩。

他提出了休息一會兒，並對卡爾說：「你怎麼了？」

「湯瑪斯，我現在又餓又累，而且，這個談判可能還會繼續持續下去，我有些堅持不住了。」

「可是你之前還說如果超過百分之三，你就不合算了。」

「可是，我已經對這個很厭煩了，我覺得對方的條件也不是那麼不可接受。」

「你確定你要那麼做嗎？你確定？如果你可以和我一起守住這個底線的話，我們或許會有進展。」

「呃……那我們再試試吧！」

談判進行到了傍晚，卡爾已經表現出明顯的疲憊和厭煩，對方律師也厭煩了和湯瑪斯談判而轉向和卡爾談。

最後，卡爾接受了百分之四的費率，而作為他的談判助手的湯瑪斯也不便再堅持什麼。

其實，如果卡爾和湯瑪斯能夠把疲勞戰術堅持下來，那麼起初的目標就有可能實現。但是，在壓力面前，卡爾的情緒有所變化，他感到疲倦、煩躁、難受，以至接受了超過上限的費率。或許他事後會後悔，但是，那已經不是談判的事了。

影子談判：
由你決定遊戲規則

談判的目的，普遍是為了長久的利益，可能一時會有些情緒上的不良反應，但是，為了之後一年、兩年、三年甚至更久的時間，一時的煩悶是可以忽視的。記住自己的初衷，記住自己的底線，這也是不讓自己後悔的一條路。

第二章

從不良情緒走向問題的解決

冷靜有助於在談判中制勝

冷靜是正確處理重要事務的必備要求。在重大的談判當中，談判者尤其是一些初涉談判領域的人，如果缺少冷靜，就會被凝重的氣氛和壓力擊垮，也就不可能贏得談判。所以我們說，冷靜是應對談判的上策。

Everett Collection發表在《應用心理學》雜誌上的研究結果顯示，儘管憤怒和激烈的言辭可能在談判中讓對方無話可說，但以冷靜的言辭相威脅（尤其是在談判的最後關頭），卻被證明是讓對方乖乖就範的有效手段。

這項研究以三組實驗為基礎，實驗對象有三百多人。歐洲工商管理學院、史丹福大學、美國西北大學以及其他機構的研究者共同實施了這項實驗。實驗對象需

影子談判：
由你決定遊戲規則

要與電腦討價還價，而電腦會以兩種方式與實驗者談判，一種非常憤怒（你提出的條件讓我非常憤怒！我快要瘋了），另一種則以不帶感情色彩的措辭進行威脅並發出最後通牒（這就是我的條件，不接受的話就算了）。電腦在六次談判的不同階段使用上述兩種方式進行。

研究人員發現，參與者在面對冷靜威脅而不是憤怒時更容易讓步。

怎樣才能讓自己冷靜下來，控制情緒而不是受情緒控制呢？比如，在面對談判對方的緊逼的時候，你該怎麼辦？情況急轉直下，你忽然從有優勢的一方變成劣勢的一方的時候，你該怎麼辦？忽然有一個重要問題被你遺漏了，在談判過程中你才發現，你該怎麼辦？……在談判的時候，很多問題都是突如其來的，甚至有些是你事先根本無法預料的，情況特殊，你驚訝、緊張、詫異、失落，甚至是暴躁、憤怒，等等，這些消極情緒都湧了過來。邏輯分析、人格分析等，在某種情況下可能瞬間崩塌。

其實，優秀的談判者永遠要知道這一點——放棄想要控制對方反應的想法。你無法掌控全域的每一個細節，你無法掌握對方的每一個觀點和想法，你能做的只是盡最大可能事先準備好你能夠準備的所有資訊，事先分析好你能夠做到的一切研究結果和談判方案，之後就需要隨機應變的能力。而這一切都建立在你需要冷靜的前提下。

你不應該試圖控制他人的反應，相反，你應該做好準備迎接他們的回應。在談話開始之前，你不妨用一小段時間設想一下可能出現的談話場景。在這種想像裡，你的重點應該落在你能從對方的反應中獲取什麼資訊，而不是專注於對方可能會出現多麼糟糕的反應。這樣，當你把最壞的情況都設想過一遍後，問問自己，談話中如果真的遇到了這樣的情況，我還會受影響嗎？我應該怎麼做？當這種心理準備做好之後，並將這種觀點貫徹始終，你會發現，自己的心態會冷靜很多。

沒有最糟糕，只有更糟糕！不過，我都能應付！

這種自信的冷靜可以幫助你解決一些情緒上的問題。

在談話中，你面對對方的催逼，可以坦言：「我還需要仔細考慮，請給我一

談判：由你決定遊戲規則

點時間。」只要能夠把這句話大膽地說出口，不僅可以省去許多麻煩，也是使自己冷靜下來提高應對能力的重要手段。這是一種戰術，當對方逼迫自己馬上做出一項決定而自己又無法當機立斷時，就要清楚明白地向對方說明自己不能在頃刻之間做出決定，並附以不能決定的理由。只要言之成理，大多會得到對方的諒解。即使沒有得到對方的諒解，也向對方表明了自己不是一個態度曖昧、優柔寡斷的人。這個時候，自己在談判中就會處於相對主動的位置上。

所以，別輕易被情緒控制，無論是自己的，還是別人的。把對方的憤怒視為一種談判技巧，而非情緒反應。如果對方不悅發怒，我們應該表達適度的尊重，卻不能讓對方激起自己的負面情緒。同時，更不能忽略自身的情緒，你感覺到自己已經開始倦怠或者暴躁的時候，要告訴自己：我應該給自己一些時間冷靜冷靜，想想對方可能怎麼做，想想自己應該怎麼做。例如，你可以說：「我瞭解你並不滿意這個提議。」接著找出對方的真正想法：「那您建議我們該怎麼做？」這個做法有兩個好處，其一是不會讓自己在慌亂的情況下誤解對方的意圖，而做出錯誤的讓步

（他其實只要你退一步，你卻自動退了三步）；另外，如果「動氣」是對方的談判表演，也不至讓他得逞，反而自亂陣腳，模糊了談判焦點。

無論遇到什麼情況，我們都要冷靜地明白和堅持一個道理——我並不是在提要求和條件（「我告訴你，我需要的你一定要給我！」），而是在建立一個社會關係和共識（「嘿，親愛的，這個問題，我們是不是這樣解決會比較好呢？」）

影子談判：由你決定遊戲規則

分歧不在事實本身，而在思考方式不同

很多時候，談判之所以無法正常進行，不是因為雙方的利益有衝突，而是因為彼此看待事物的看法不同，觀點不同以至立場、分析方式、情感表達都不一樣，也就是說分歧不在事實本身，而在思考方式不同。

哈佛談判小組認為，當我們從爭辯開始轉向瞭解和理解對方的時候，我們要清楚地瞭解到——為什麼我們的思考方式會不同。從這個過程來說，我們可以歸納為以下三點：

1．吸納信息：透過各種情景、聲音、感受來體驗世界。

第二章
從不良情緒走向問題的解決

2．消化信息：按照我們自身的方式來理解和闡釋資訊，對我們所視、所聞、所感都給予不同的內涵和意義。

3．得出結論：到底發生了什麼。

在這三個步驟當中，無論哪一步，都有可能發生衝突和矛盾。也就是說，我們的思考方式之所以不同，我們的觀點之所以不同，是因為我們吸納和闡釋資訊的方式不同。這也就是為什麼，在很多談判中，我們往往只強調自己的觀念，而容易忽略談判實質的內容。

其實，能夠解析對方的觀點，也可以幫助我們自己解決談判中的問題和矛盾。因為，發現分歧的存在和原因，可以讓我們正視問題本身。無論是國家政治問題、國際商務洽談，還是生活中的瑣碎糾紛。只要我們意識到並去探索為什麼兩人的觀點會不同，為什麼雙方會有這樣的意見分歧？

多數人的爭吵都是為了某個東西——「嘿！這輛自行車是我的！」「兄弟，誰說的，這是我的！」或者是為了某事——「噢！你踩到我的腳了！」「什麼呀！分明是你自己撞過來的！」在這種情況下，人們總以為他們需要更多地瞭解事物或事件本身。於是他們研究，再研究。

但是，就結果而言，分歧並不一定決定著無功而返。恰巧，協定的達成總是建立在分歧的基礎之上。當然，誰都不可能一開始就因為分歧而產生共識和協議，這是不科學的！而且，如果是這樣的話，就沒有談判的必要了！我們要看到分歧的這一點，正是因為有了它，才在某種程度上促成了協定的達成。就像股票，買方說：「股價一定會漲的，我再多買一些！」賣方卻覺得，「天呀！我現在快虧死了！我必須要賣出去！」於是，交易就產生並成立了。正是因為雙方認識上的不同，才有了這樣的交易行為。

那麼，有哪些分歧差異更讓容易讓雙方達成協議呢？

預期不同——你認為一件事你能夠做到一百分，但是，有人覺得你只能做到八十分甚至更低；你覺得你開創的公司能夠有一個非常好的前景，但是，很多業內

第二章
從不良情緒走向問題的解決

人士覺得你有可能只是曇花一現；你覺得你開發的產品能夠開創一個前所未有的市場，但是你身邊親近的人並不認為你可能會成功……這些分歧就是因為彼此的預期不同，所產生的觀點和想法也不一樣。比如，你在公司已經待了五年，你覺得自己應該獲得加薪，便去找老闆談話，你覺得自己應該還可以在這一行業繼續奮鬥並且前景良好，但是，你的老闆覺得你雖然有能力和經驗，但似乎還沒有值你自己說的那個價錢。這個時候，利用這種不同預期，雙方可以達成協議——底薪+年終獎金，工作完成出色，正如你自己的預期那樣，年終獎金全部予以兌現。

時間觀不同——你可能覺得即刻到手的利益比較現實，對方卻覺得長遠利益比較可靠，當這種分歧出現的時候，雙方可以有這樣的解決技巧——對方可以按照年或者是月的時間週期，給你即刻的利益，但只能是部分的。這種方式讓雙方都各退一步，對你們未來的價值打不同的折扣。比如，你去車行買車，當你看中了一輛車，有心買下來的時候，你看中的是車的性能，並能夠即刻使用的價值，但是，這個價值無法在短期內檢驗出來，那麼，就需要你用一個較長的時間來進行「試驗」

和「考察」——你看中的是長遠的利益。而對賣方來說，他們更看重這輛車能賣多少錢，並且能夠即刻出手。所以，買賣雙方現在的分歧在於，買方想長時間地使用和檢驗車的價值，而賣方想即刻得到售出車的貨幣。這個時候，分期付款就是很合理的解決方案了。如果可以延期付款，買方就願意花更多的錢買，如果賣方能賣到一個高價錢，他就願意接受延期付款。

對風險的看法不同——談判雙方都有可能承擔著一定的風險，而彼此對這個風險的感知程度或許不同，同時，我們還可以分析風險的交換機會是多少。簡單地說，就是你和對方分別認為風險有多大？你覺得對方的風險危機能夠用什麼去替換，也就是說，對方擔心有風險，但是可以用某些利益去彌補風險給他們帶來的損失。比如，深海採礦，勘探方自然是想獲得經濟利益，但是，他們更關注自己可能會受到什麼損失（公眾對這件事的關注是否會有負面消息等），這項勘探投資是否會給他們帶來實際的良好利益，這是他們要考慮的風險；而國際社會則認為，如果有一家公司認為它可以從「人類共有的遺產」裡獲益的話，那麼，其他國家或者地區為什麼不可以呢？這一方關注更多的是財政收入。這種分歧其實是有利於談判的，雙方雖然都害怕風險的出現，但同時他們的利益點也非常明確，並且並不衝突。所以，最後只要協商，到公司收回投資以前，只徵收較低的稅率。換句話說，公司風險小時，稅率才會提高。

當雙方有意見分歧的時候，讓利益互相融合的一種方法是，提出幾個對你來說都能接受的選擇方案，問對方傾向於哪一個。你只需知道對方傾向什麼，而不是接受什麼。然後，你根據他們所傾向的方案再作進一步調整，再提出兩種或更多修改方案，詢問對方傾向於哪種選擇。這樣，無須任何人做出任何決定，你就可以完善一個方案，直到再也找不出任何共同利益為止。

第三章

尋求各得其所的解決之道

第三章
尋求各得其所的解決之道

第三章
尋求各得其所的解決之道

「贏——贏」模式

「世界上沒有永恆的敵人，也沒有永恆的朋友，只有永恆的利益。」這句話恰好是談判的宗旨。談判不是一成不變的，它可以調整策略、要求、條件，等等。因為最終的目的都是為了各取所需，努力尋求各得其所的解決之道。找到共同利益，尋求共同合作。這是哈佛商學院談判內容一直追尋的目標和利益所在。

當談判雙方所追求的目標一致時，其進展一般都很順利，容易取得雙方都滿意的結果。比如，在推銷過程中，推銷員為推銷自己的產品而談判，顧客為購買自己需要的產品而談判，雙方為了得到自己需要的東西坐在一起，是合作的關係。

談判：由你決定遊戲規則

既然談判從本質上來講是一種合作關係，那麼，我們就要注意到一點——平等。雙方只有認識到在談判天平上雙方都是平等的，才能以尊重的視角來訂立協定。雙方才能獲得一種人格上的尊嚴，人格的力量將促使雙方相互契合，既為自己打算，又為對手考慮，達成謀求共同利益的基礎，避免落入那種非輸即贏的單一而殘酷的競爭局面。

談判是一個雙方協調、互助以達到共同目標的過程。我們來看一個案例：

日本某公司向中國某公司購買電石。此時，是他們合作的第五個年頭，之前已經有了非常好的合作基礎，但在這次談價過程中，日方將價錢從四百一十美元一噸壓到三百九十美元一噸。

日方如此壓價的理由是，他們已拿到多家報價，有四百三十美元一噸的，有三百七十美元一噸的，也有三百九十美元一噸的。因此他們根據市場均價提出三百九十美元的價錢是合理要求。

中方的談判小組針對日方的壓價做出新的談判策略，首先為確保工廠始終擁有訂單來保證連續生產，可以接受三百九十美元的價格。可是為了讓工廠獲得更大的利益，談判小組希望能夠將價格提高。

談判小組分析了日方做出壓價決定的事實根據，得知三百七十美元是個人公司報的價，四百三十美元是生產能力較小的工廠的報價。而自己的公司是大公司，品質服務是個人廠商與生產能力較小的廠商所不能比擬的。

談判是以雙贏為目的。談判中最重要的守則是在不損害自身利益的前提之下，拿出一些有利於對方的東西。

因此中方談判小組最終決定在價格上做出適當讓步，又沒有完全達到日方所提出的價格，僅將價格下調了十美元一噸，最終雙方以四百美元一噸成交，比工廠廠長的成交價高了十美元一噸。完成了雙贏談判。

談判：由你決定遊戲規則

從這場談判中我們不難看出，談判的目標在於雙方達成協議，各有所得。是一場以雙贏為目的的生意。

以下列舉的是雙贏談判的要點和雙贏談判獲得成功的條件：

雙贏談判的要點	雙贏談判成功的條件
雙方都覺得自己贏了	共同或聯合的目的和目標
雙方都關心對方的目標	相信自己解決問題的能力
雙方都對事不對人	合作的動機與承諾
雙方都覺得對方會守信用	相互信任
雙方都希望能夠再次合作	公開和精確的資訊溝通
	相信對方談判位置的有效性

既然雙贏談判擁有這麼多優勢，如何實現雙贏談判？

方法一：做個更大的餡餅，而不是爭論切開的餡餅每塊該有多大。

這個方法說的是將矛盾的核心從分攤都不願意放棄的利益，轉移為獲得更多的資源。運用這樣的談判方法，需要創造性的思維，透過制訂許多種選擇方案，尋求對雙方都有利的選擇方案，找到雙方共同利益之所在，然後才能判斷哪些條件最合適。

方法二：關心對方的需求，協作互利。

談判過程中總會存在諸多分歧。這個方法就是明確雙方都有哪些分歧，並且雙方同意對分歧進行協商，從而解決最主要的問題。

方法三：削減成本。

我們都希望能夠花更少的錢來購買同樣的產品，如果能有一種方法來削減供應商的生產成本和經營成本，那麼採購方就會得到較低的採購價格，同時供應商也由於降低了成本結構而在市場上更具競爭力。

影子談判：
由你決定遊戲規則

透過架橋彌合雙方的差距，來滿足雙方的需要，是個創造性的選擇。這種方式不可能滿足每一方的全部需要，但它通常能使各方滿意。

第三章
尋求各得其所的解決之道

找到對方的需求

談判中談判雙方都有直接或間接的需要，都希望能儘量滿足它。談判時將對方的需要納入考慮範圍，談判就已成功了一半。若是只考慮己方的利益，結果必有一方不甘受損，事實上雙方都失敗了。

企業界在談判中，總是暗含著兩項惡意的脅迫：一項是勞方——罷工的威脅；一項則是資方——關閉、遣散。所有勞資的談判，雙方都瞭解一旦談判破裂，總有一方甚至雙方會有上述舉動。美國著名的鐵路工人大罷工，雖然贏得了談判的勝利，但罷工後，公司倒閉，大批工人失業，這就不能被稱為成功的談判。有人稱此類談判為「成功」的「手術」，不幸的是病人死在了手術臺上。

談判：由你決定遊戲規則

對我們而言，談判目標、需求、條件等都是透過談判行為來實現的，比如，上司的工作是激勵、說服、影響、調整下屬的工作狀態，行銷人員則是透過各種方式說服他們的受眾。能夠促成談判成功的技巧，就是既說服了談判對方，又在可調控的範圍內滿足了自己的需求，滿足了雙方的利益，達成共識，並建立了良好的社會關係。如果一個人想從別人那裡得到自己想要的東西，並準備為之進行交易時，談判就開始了。實際上，無論是在購物時還是在工作中，談判每天都在發生。所以，領悟或挖掘對方的潛在需求，就是當事人想從對方那裡獲得所需而進行協商的過程。

以電話行銷為例，我們常用提問的技巧，逐漸使對方的潛在需求明朗化，成為顯性需求。對方為什麼願意跟你談，因為對方希望從你這裡得到解決問題、滿足需求的管道和方式。尤其很多時候，客戶可能並不清楚自己的需求，他們無法量化地將其標明，他們的需求甚至只是一種不明確的感覺。那麼，這個時候，就需要你將這個需求挖掘出來，明朗地擺在雙方面前，共同討論、協商，為此制訂解決方案。就像是我們覺得身體不舒服，但是又不知道到底是哪兒出了問題，所以，我們有了看病的需求。

哈佛商學院的談判內容不止是關注於談判這個事件本身，更大程度是建立在人文角度來進行分析和研究，這些談判內容更多是在研究人與人之間的關係和反應。所以，在談判中，我們必須要知道自己的需求，明確對方的需求，按照彼此的動機來制定相關的策略。因為只有解決了這個本質的問題，談判才能夠進行下去。

我們來看看下面這個案例：

第三章
尋求各得其所的解決之道

海洋占地球面積的百分之七十，而蘊藏在其中的生物、礦物十分豐富，所以，海底資源的勘探和開發一向是工業社會的重要課題。二十世紀六〇年代，許多國家對於能源開發的問題越來越重視，所以，人們對於海洋的關注也越來越頻繁。國際社會也一度制定了一系列關於海洋資源開發要受國際監督、合理公平利用海洋資源的合約。

影子談判：由你決定遊戲規則

七〇年代，在美國召開的國際海底資源開發會議上，美國國務卿季辛吉建議，由聯合國的附屬機構國際海底管理局作為甲方，與作為乙方的私有或國有企業「平行開發」海底礦藏。但是，很多發展中國家對此條約存在疑慮，擔心最好的採礦地是否會被發達國家優先取用。所以，此次會議一直爭議不斷，無法制定最終結果，談判氣氛變得劍拔弩張。

最終季辛吉提出了一種分割——挑選的辦法，即每一個預定礦址的申請者首先要探明一塊足夠大的區域，這塊區域所蘊藏的資源可供兩家公司開採，而後，由這家採礦公司（主要來自發達國家）將所探明的場地一分為二，而國際海底管理局有權優先從中挑選一塊。

這一方案獲得多數贊成。

我們從案例中可以看出，關於海底資源開發的問題，各個國家之間之所以存在爭議，完全是因為擔心對方把最好的資源搶先開發，他們的需求就不僅僅是獲得

第三章
尋求各得其所的解決之道

資源，還希望得到資源開發的優先權。但是，優先權不是每個國家都有的。所以，最終制定的策略幾乎可以滿足若干國家的需要。

所以，挖掘需求，明確需求，以彼此的需求本身為利益點來制定共同方針，是一個非常重要的環節。

美國心理學家亞伯拉罕·馬斯洛於一九四三年在《人類激勵理論》論文中提出馬斯洛需求層次理論。該理論將需求分為五種，像階梯一樣從低到高，按層次逐級遞升，分別為：生理上的需求，安全上的需求，情感和歸屬的需求，尊重的需求，自我實現的需求。另外還有兩種需要：求知需要和審美需要。這兩種需要未被列入到馬斯洛的需求層次排列中，他認為這二者應居於尊重需求與自我實現需求之間。

基本上人類的需求都離不開這些。

瞭解到這些資訊後，我們就可以將之運用到實踐之中。比如，當你想要說服一個靦腆害羞卻十分嚮往學校的孩子，去試著融入集體生活的時候，你就需要利用他的社交需求，緊扣這一點進行引導；當你想要激勵一個事業遇到瓶頸的管理人員的時候，你就需要激發他的尊重需求、自我實現需求，等等。

人的需要是很複雜的，不是如此簡單就可以直接提出的。我們更多的是要學會辨析對方的哪些需求最重要，哪些可有可無，針對哪些制訂計畫比較方便，等等。這都是需要思考的問題。而這個思考過程是雙方的，你需要考慮別人的，也不能忽視自己的。否則，一味地退讓只能是讓結果不那麼令人滿意。

第三章
尋求各得其所的解決之道

學會關注價值

在談論這一節的內容之前，我們先來看這樣一個故事。

兩個孩子得到了一個柳丁，他們想把柳丁切開，一人一半，但是，雙方都擔心對方的那一半可能比自己的多，於是，他們爭論不休。最終，他們想出了這樣一個解決方案——兩人中一個人負責切，另外一個孩子則有挑選其中一半的優先權。這樣，在彼此都儘量保證公平的前提下，雙方都能夠得到令自己滿意的那一半。

最終，兩個孩子拿到了令自己滿意的半份柳丁回家了。回家後，其中一個孩子把皮丟掉，把果肉榨成橙汁，另外一個孩子則把果肉丟了，把橙皮留下，磨碎混進了做蛋糕的麵粉裡面。

雙方對此都感到很滿意。

談判：由你決定遊戲規則

故事到了這裡，我們是否能夠看出一些問題呢？

兩個孩子的做法看似非常的公平公正，好像每個人都得到了自己應得的那份——一個孩子愛喝橙汁，他有了半個柳丁分量的果汁；另一個孩子想吃蛋糕，他有了半份柳丁分量的橙皮。但是，我們發現，就他們的需求而言，他們原本應該每人都可以獲得一份柳丁的分量。他們過分關注公平、公正，希望一分一半，卻忽視了自己「原本的需求」和「一人拿到完整一份柳丁的量」並不衝突。

這時，我們明白了，「對半切」並不是最完美的解決方案，也就是說，這次談判並沒有為兩人創造最大的價值。

商務談判的過程實際上也一樣。優秀的談判者並不是一味固守立場，追求寸步不讓，而是要與對方充分交流，從雙方的最大利益出發，創造各種解決方案，用相對較小的讓步來換得最大的利益，而對方也遵循相同的原則來取得交換條件。在滿足雙方最大利益的基礎上，如果還存在達成協議的障礙，那麼就不妨站在對方的立場上，替對方著想，幫助掃清達成協議的一切障礙。這樣，最終的協定是不難達成的。

所以，要做到圍繞價值進行討論的談判，就需要我們做到一點——「放棄強權，關注價值」，也就是說，既不在孰是孰非的問題上緊抓不放，也不在公平、平等的問題上鑽牛角尖，更不要一味地針鋒相對、寸土不讓。強爭豪奪或許無法給你帶來最大的利益。

這種以關注價值為主的談判策略，我們稱之為「合作性雙贏策略」。這種談判策略透過良好的溝通開發更多的價值，使談判雙方的利益都可以得到最大限度的滿足，具有更低的風險，更高的價值。

或許很多人會認為，這種策略看上去有幾分「好好先生」的意味，過於天真，你要是為別人著想過多的話，就必須犧牲自己的利益。其實，這是一個錯誤，這個觀點就是把彼此的利益放在了對立的立場上面，把這個談判看成了「非此即彼」的戰鬥。

實際上，只要運用得當，這種合理的價值觀念會成為推動談判成功的循序漸進的動力。因為，關注價值的要務就是重視雙方的合理利益，這種雙向交互性的談判氛圍，能夠讓談判雙方逐漸地敞開心扉，對維護對方權益的抵觸情緒逐漸削弱，戒備心和攻擊性降低。在這種和諧的心理狀態下，彼此都會儘量避免正面的權勢交鋒。

所以，當我們明白了價值這個關注點之後，就可以來瞭解一下，圍繞價值，我們將談判分為幾個步驟，以下我們進行一種大致的規劃。

第三章

尋求各得其所的解決之道

價值步驟	申明價值	創造價值	克服障礙
階段程度	初級階段	中級階段	攻堅階段
階段含義	溝通各自的利益需要，申明能夠滿足對方需要的方法與優勢。	溝通瞭解後達成的協議並不一定對雙方都是利益最大化。	克服阻礙價值最大化的各種問題和衝突，以求獲得最優利益。
解決問題的方向	主要技巧是透過提問，探尋對方需要，申明我方利益。	尋求解決問題的最佳方案。	利益衝突障礙是需要雙方按照公平合理的客觀原則來協調利益；自身決策程式障礙就需要談判無障礙的一方主動去幫助另一方順利決策。

價值是指事物對我們的用處和我們對事物的需求。當談判專家總覽全域地進行談判時，我們也有自己的基本目標——在談判中主張利益最大化，也就是創造最大價值。

數 談判：由你決定遊戲規則

先把蛋糕做大，再做利益分割

在商務談判中，我們經常會執著地，堅持地對對手講：我要A，我就是要A。比如表現為：我覺得價格一定要在一百元以上。我覺得帳期一定要三十天，我覺得這個協議一定要寫上允許退貨這一條。

我們常說條條大路通羅馬。在談判桌上，我們爭取的是利益，但是獲取這些利益需要制訂方案，獲得利益可以透過方案A，也可以透過方案B、方案C。因此，我們在談判時會準備多個方案，這些方案是為利益服務的，不能因為方案而忘記自己的利益，因此，獲得我們的利益，可以採用方案A、方案B、方案C等，這些方案可能是事先準備好的，也有可能是在談判中逐漸摸索出來的。如果方案A不行，可以採用方案B，方案B行不通，可以採用方案C，這些方案就像一個個「測試球」，一個一個試探對方，總之，方案是為了達到目的，不同的方案是為利益服務的。這裡的利益，指的不是單純的利益，而應該是價值。

概括地說，就是「先把蛋糕做大，再做利益分割」。這裡的「蛋糕」我們都明白是說「價值」，但是，為什麼會有這樣的說法呢？其實，談判雙方預期的收益，往往來源於彼此共同創造的收益。不是單純地做出分配，而是先增加可供支配的價值利益，然後再進行分配。這個過程，其實就是「先加後減」。

我們現在更為形象地闡述一下，你和對方都有材料，你們合作做了一個八寸的蛋糕，按照你們各自的需求和利益，無論是一人一半也好，是一人分得奶油一人分得蛋糕也好，你們都得到了一個八寸蛋糕合理的分量。但是，如果你們用已有的材料做的是十六寸的蛋糕，雙方就會得到的價值就會是原有利益的一倍。如此，我們可以推論，只要增大蛋糕的分量，彼此能夠分得的分量也會相應增加。

因為彼此分得的結果在談判結束前是可以商量的，所以，這個「創造價值，最大化價值」的過程是可以透過彼此合作完成的。那麼，我們應該怎樣把「蛋糕做大」呢？這個時候，就需要我們立足於利益點和衝突點的平衡。

1．利益的相容性——找到可以動的「蛋糕」

不相容利益指雙方所需的是同一種需要，此種需要非此即彼。相容利益就是雙方有不同需求，你我各取所需。找到了這樣的利益，我們就能夠明白，哪些蛋糕能動，是可以調整的，是可以最大化的。

2．利益的長短性——建立長久合作的心態

短期利益是指一次性交易後出現的利益，長久利益是指包括短期利益在內，預計未來一定時期內與對方交往所得到的利益。以長久合作的心態來對待此次談判是有益的，尤其在商務領域，我們不能斷言永遠不可能再次合作。而這種心態也是有助於我們的社會影響和道德評價的。

3．利益的顯隱性——發掘容易忽視的利益

顯性利益是指可見的、可用貨幣直接衡量的利益；隱性利益指容易被談判者忽略的卻又能夠表現一定價值的利益。所以，在談判初期，就需要談判者發掘和研究可能蘊藏的隱性利益，並分析其利益的多少。

但是，我們需要在這裡做一下說明，「把蛋糕做大」並不是表現單一的方法，正如以上所說，我們是可以根據實際的環境進行策略調整的。比如，一對夫妻商量去做家庭旅行，他們都能夠請一周的假。但是，丈夫主張去山裡露營，妻子則想去海邊小屋。爭論之後的折中方法是先去露營再去海邊小屋，但是，這個方案不僅在時間安排上太緊迫了，而且，整個家庭旅行的活動並沒有那麼盡興，還增加了疲勞感。所以，雙方覺得應該制訂一個更完美的方案。如果這個時候使用「做大蛋糕」的策略，那麼，方法就是丈夫和妻子分別可以和彼此的老闆商量，增長假期，每人獲得兩周的時間。這樣，一周山上露營，一周住海邊小屋，分別滿足了彼此的

談判：

由你決定遊戲規則

需求。但是，這個方案的提出是基於雙方的利益並沒有直接衝突的前提下，只是時間問題。但如果是其他原因，比如，丈夫不喜歡吹海風，妻子討厭山上的環境，等等。那麼，透過增長假期來做利益分配的方案就大大降低了可行性。

那麼，在這個情況下，相互妥協就是解決這類問題的方案之一（這可以算是利益的相容性）。就是找到彼此需要的共同點，即雙方都可以接受的需求，比如，可以選擇一個近山又近海的地方進行活動。或者是補償策略，即談判雙方只要其中一方讓步程度較大，另一方可以提出一些補償措施（找到隱性需求），比如，妻子如果同意一起去山上露營，丈夫可以給她買她最想要的香水之類的東西。同樣屬於挖掘隱性需求的技巧，還有發掘其他路線方針的策略，即丈夫為什麼想去山裡，妻子為什麼喜歡海邊，如果是丈夫喜歡清靜，妻子喜歡海灘活動，那麼，兩人可以找一個滿足雙方要求的地方。

第三章
尋求各得其所的解決之道

以商務談判為例，不以顯性利益如「價格」為唯一標準，而是多重利益共用。即別人以價格要脅，你就討論品質；別人用品質苛責，你就說服務；別人用服務貶低，你就聊條件；別人用條件逼迫，你就講價格。方式都是靈活的。

3D談判視角

我們來設想一下，你現在從窗外望去，仔細地留意你所能夠觀察到的景象；然後，再用相機把你看到的景象拍下來。之後，做一個對比，你可以一邊看自己肉眼能夠看到的景象，一邊觀察照片，兩者有什麼不同？

當然了，它們最大的不同，就是照片更為平面，而肉眼看到的更為立體。這種把世界看作3D空間的特殊能力，對我們來說是非常重要的。我們雙眼觀察到的景物不僅僅只是一個平面，而是更有縱深感、凹凸有致的立體場景。

談判也是一樣的。我們要把談判放在一個更為立體的3D環境中進行分析、思考，這樣才能夠有更為廣闊的視野。而這個3D視野包括你自身的資訊、對方的資訊、自身和對方所屬的集體關係資訊、談判問題的資訊、談判問題的延伸資訊，

第三章
尋求各得其所的解決之道

等等。要把這個思考方式帶入到談判中去，你才能獲得更好的談判結果和效果。

有一部叫作《征服情海》的電影，它塑造了一個由事業高峰進入低谷，再開闢新高峰的男人形象。而這個角色是有現實原型的，他名叫雷・斯坦伯格，是一名體育精英的經紀人。他的「斯坦伯格和穆拉特」公司充當一百多名運動員的經紀人，商談幾百萬美元的協定。他有著敏銳的市場洞察力，察覺到自己在這個行業的拓展價值，於是代表公司進行吸引人才的各項談判。

他同時和好幾家公司打交道，但是，他打交道的方式與別人有些不同。在他的觀念裡，談判存在於生活之中，需要帶著明確目標和原則哲學來處理。他說：「目標不是毀掉對方，而是尋找最有利可圖的方法來完成對雙方皆可行的協議。」他堅持讓他的客戶不但將他們的談判和運動生涯看成對才能的考驗，而且看成是對個性的考驗。他鼓勵客戶將自己龐大收入的一部分回贈他們的社區，建立基金或捐給慈善事業。

我們可以來看看下面這個案例：

影子談判：由你決定遊戲規則

美國女作家巴巴拉寫過一本書——《一個真正的女人》，主角艾瑪出身貧寒而歷盡艱辛，最終發跡成為經濟舞臺上的女強人。艾瑪除了有絕對的自信之外，還有著極高的公關水準，這使她不斷取得成功。書中寫到一個耶誕節的前夕，艾瑪正在自己開的小鋪子裡，一個富人家的管家傑克遜太太進店採購來了。

艾瑪迅速地看了一眼採購單，「好，很清楚，傑克遜太太。可是，也許您應該……」艾瑪停下來，若有所思地看了一眼女管家，說：「我想是否應該增加一些肉製品。您知道的，孩子們很愛吃，今年假期又特別長。說實話，已經有不少人來訂購，到週末是否還有剩餘真難說。」

「噢！這我真沒想到！那好吧，請把我要的數量增加一些。」這時，她的目光落在進口食品上，「天哪，瞧，這麼多好東西！」女管家仔細看著土耳其蜜餞盒子和艾瑪做的精緻的標籤：進口專賣，數量有限。

艾瑪低著頭，假裝在看那張單子，對傑克遜太太的驚叫似乎沒有聽見。實際上她一直在注意這位主顧，暗暗琢磨著她的購貨心理。那張標籤是她昨晚故意加上

第三章
尋求各得其所的解決之道

去的，而且知道這樣更容易引起主顧的注意。

傑克遜太太好像被進口甜食迷住了，終於開口道：「這些食品我都不認識，樣子挺吸引人的。可是對我家主人來說，也許太奇特了。」

「您這麼認為嗎，傑克遜太太？所以我認為，凡是上層人家都挺喜歡這類精緻食品。」艾瑪巧妙地話題一轉，「說起來，我還真後悔貨訂得太少了。這點東西一搶而空。昨天塔樓區的一個廚娘，一下子就讓我給她每樣留兩份。」她拋出誘餌後，故意又加了一句：「當然了，價格是貴了一些。」

傑克遜太太瞪了艾瑪一眼，說：「我家女主人從不擔心價格，給我每樣留三份。」

艾瑪微微一笑。最近，她學會了利用有錢人家廚娘和女管家之間互相比較的心理，增加銷量。「好極了，傑克遜太太。我立刻給您留出來。您知道，我對您歷來樂意盡力效勞的，傑克遜太太。」

女管家有點飄飄然了。「真高興您對我另眼相待，哈特太太。現在，您再看我的單子是否齊全了？」

艾瑪裝作認真思考的樣子，「如果我是您的話，我就再加兩罐豬肉罐頭，三罐蘋果汁。有備無患。」

傑克遜太太看著艾瑪，好像她幫了她多大忙似的。「謝謝，哈特太太。您替我想得真周到，自從您在中心街開店後，我省事多了。好了，我該走了。祝你耶誕節快樂，寶貝。」

「您簡直可以把戈壁灘的沙子也賣掉，艾瑪，我從沒見過誰這麼會推銷。好傢伙，妳把她的訂貨增加了一倍。」一位顧客即席發表評論說。

「三倍。」艾瑪說，並狡黠地笑了笑。

艾瑪的引導是非常巧妙的，從各種角度，比如，孩子們的現實需求、傑克遜太太的虛榮心、消費者的購物心理，等等進行綜合分析，用一種以退為進的方式，看似沒有說服，實則是很高端的談判技巧。這就是3D談判的形式之一。

第三章

尋求各得其所的解決之道

既然有3D談判，那麼，是否有1D談判、2D談判呢？我們可以來瞭解一下：1D談判就是我們本身非常熟悉的談判因素，包括文化的差異性對談判的影響、談判過程中的社會關係建立、商務談判前的報價研究等；2D談判就是我們從人際過程前進到價值創造的實質，包括「做大蛋糕」的方案等。但是，這兩項是否存在不足或者是局限性呢？那就是當談判雙方（甚至多方）在特定的日子「討價還價」的時候，就預示著談判模式的初步形成，那就意味著模具已經存在，就談判者而言，可能會受限制。

為了解決種種問題，3D談判的優勢在於，它能夠在談判桌外預見到最有前景的結構和行動，而且付諸行動。他們把最合適的各方帶到談判桌邊，以適當的次序談判適當的問題，在適當的時刻透過適當的方式，直面最佳的替換方案。運用3D法的談判者不是在談判的模具中變換姿勢，而是重新熔爐，按照自己的想法來改造重塑，這種方向自由性更強，更不受限制。當我們的談判已經運用了3D視角的時候，就能夠時常提醒自己對對方進行關注和瞭解，能更靈活地使用互換思考。

談判：由你決定遊戲規則

其實，這個時候你要做的事情概括地說就是分析研究所有與談判相關的因素，加以綜合性的考慮，然後評估各方利益，選擇最佳替代方案。你要對對方的觀點、看法、預期結果、利益方向進行判斷，然後，他們就會為了自己的需求，選擇你提供的思路。那麼，這種可持續的價值，我們要怎樣嘗試創造呢？

第一步：紙上畫圖。考慮各方面的問題，並將其標注出來。比如，這個談判進行的最關鍵的原因本身等。

↓

第二步：利益評估。清楚考慮彼此最根本的利益，包括短期的長期的、顯性的隱性的、相容的不相容的，等等。同時思考無形（如談判中的感受，對方的信譽，溝通理解的程度等）和有形（如價格、時間和計畫書等）的因素。

↓

第三步：最佳替代方案。此路不通彼路通，不要在一個方案上鎖死自己，要用更有創造性的角度、更有創意性的思路去思考、分析談判問題，從而制定可行的談判策略。

第四步：找到共同利益。也就是解決雙方的衝突。就像是上面我們提到的柳丁與孩子的案例一樣，一個孩子要的是橙皮，一個孩子要的是果肉，那麼解決方案就是可以將彼此不需要的東西給對方，就可以實現利益最大化了。

我們可以從以上這種談判方式中看到一種影響力，一種可能長久關係到社會關係的影響力。這就是一種比較全方位的３Ｄ談判。關於這種談判方向，義大利外交家丹尼爾．瓦雷曾經說過一句話，能很好地說明談判的本質——談判就是讓他人為了他們自己的原因按你的方法行事的藝術。

第四章 如何談：聽、說以及解決問題

第四章 如何談：聽、說以及解決問題

第四章
如何談：聽、說以及解決問題

談判就是清楚地表達自己

如果為達目的而以金錢收買對方，或採取權力強制及暴力威脅的手段，在根本上就與談判、說服不符。要知道，談判與說服的本質手段是透過「說」和「聽」的交替過程以實現目的，而這種說與聽的交換方式即為溝通。

策動談判的動力是需要和利益，談判雙方透過談判說服對方理解、接受己方的觀點，最終使雙方在需要和利益方面得到協調和適應。所以這是關係到個人和集體利益的重要活動，語言表述上的準確性就顯得至關重要了。談判雙方必須準確地把己方的立場、觀點、要求傳達給對方，使對方明瞭自己的態度。

但是，在談判中，為了談判的需要，還有一種技巧，就是故意模糊語義，換

談判：由你決定遊戲規則

句話說，就是使用模糊語言正是為了更準確地傳遞複雜資訊，表達錯綜的思想。

談判對象由於性別、年齡、文化程度、職業、性格、興趣等的不同，接受語言的能力和習慣使用的談話方式也完全不同。比如，男性的理性思維成分居多，女性的感性思維成分居多；有些人說話直，有些人說話會轉很多彎……這種個人特點和差異是不能忽視的。除此之外，還有談判者本身和對方的社會關係，上司下屬、親人朋友陌生人、老人孩子等。面對不同的人群，你所要傳達的語言因素是不同的。

談判表現為溝通，溝通是載體，它所要表達的觀點存在於我們的大腦中，嘴巴是否能夠清晰地表達出觀點，就要看這個觀點在我們大腦裡被整理的程度是怎樣的。這也就是我們常說的邏輯性。

邏輯性要求我們具有縝密的邏輯思維，能根據一切有關的參考材料，使所有正面的、反面的論證形成一個整體，尤其不要忽略一些重要但又細微的細節。邏輯性要求我們能夠全面地考慮問題，並力求在談話過程中沒有漏洞，這樣就能使自己立於不敗之地；反之，若被對手抓住漏洞，那就毫無辦法了。

邏輯性最重要的一點就是要明確自己的說話目的。

在平常的語言場合中，失言是不可避免的。失言的原因是多方面的，但其中最根本的原因，往往是因為缺乏明確的目的。語言交流的目的，不只是一種社交上的需要，也不只是為了互相認識和瞭解。

例如，你找一位朋友，請他參加一個團體，或者請一位醫生解決一個醫療問題，或是買賣雙方談論生意上的事情，這一類談話究竟和一般社交性質的談話有什麼不同呢？在有些方面，兩者是一樣的。例如，你要具有一般的談話能力，你要能夠適應對方，盡可能瞭解對方的特點，你要有興趣，態度要友好而真誠，等等。但有些地方卻是不同的，這類談話，每次都有一個特殊的目的。一般來說，人們說話的目的，有以下五種：

第一，傳遞資訊和知識。如課堂教學、學術報告、現場報導、產品介紹、展覽解說

第四章
如何談：聽、說以及解決問題

一類的談話。

第二，引起注意或興趣。多是出於社交目的，或為了與人接觸；或為了與人溝通；或為了表明自身的存在；或為了取悅別人，如打招呼、應酬、寒暄、提問、拜訪、導遊、介紹、主持人講話等。

第三，爭取瞭解和信任。如交談、敘舊、拉家常、談戀愛等，往往旨在交流感情，增進友誼，密切關係。

第四，激勵或鼓動。旨在加強人們現有的觀念，堅定信心，振奮精神，有時也要求得到行動上的反應，如讚美、廣告宣傳、洽談、請求、就職演說、鼓動性演講，以及聚會、畢業典禮和各種紀念活動、慶祝活動中的講話等。

第五，說服或勸告。諸如談判、論辯。批評、法庭辯護、競選演講、改革性建議等。此類談話，大多力圖改變對方的某種觀念或信念，阻止對方採取某種行動。

第四章

如何談：聽、說以及解決問題

堅持明確說話目的，是談判取得成功的首要條件。目的明確，談判往往能夠取得良好的效果，有時甚至能夠使說話人急中生智，化險為夷。因為只有明確目的，才知道應準備什麼話題的資料，採取何種語言風格，運用哪些技巧，從而能夠有的放矢，臨場應變。若目的不明，不顧場合地信口開河。毫無目的地東拉西扯，對方就會不知所云，無所適從。

因此，每次說話之前，不妨問問自己：「我為什麼要說？」「人家為什麼要我說？」預先想一想可能產生的效果，把預期的效果當作目標並為之努力。

那麼我們怎樣才能做到明確目的，清楚地表達自己呢？

首先，以聽明白為前提。語言是資訊傳遞、思想交流的工具。無論是陳述一件事情，說明一個道理，還是提出一個問題，我們都要讓聽者明白我們說話的目的，這樣才能達到我們的目的。

比如一個推銷員向顧客推銷自己的產品，那麼他必須將自己推銷的產品的性能、價格和其他情況用語言向顧客講述明白，只有這樣顧客才能瞭解你的產品，而

談判：由你決定遊戲規則

只有顧客瞭解了你的產品，他才會決定是否購買你的產品。

其次，以說服對方為目的。在說服對方時，既要顯得真誠，又要為對方著想。這樣，無論是交易上還是感情上都和對方進行了溝通，從而使我們的目的更容易達到。

最後，以關心他人為準則。關心別人不僅可以結交不同的朋友，還可以獲得更多的主動權。這並不是什麼嶄新的道理，早在西元前一百年，就有一個羅馬詩人說過：「當別人關心我們時，我們也關心他們。」

談判中的溝通往往能夠反映一個人的道德修養、學識水準、思辨能力。談判不只是說話的藝術，它還包含談判者本身的素養、德行，一個學識淵博、有涵養、舉止得體，具有人格魅力的人，總是給人一種容易溝通的良好印象。所以，哈佛談判小組總結出，要想使自己的語言具有藝術魅力，光靠技巧是不夠的，一味地追求技巧而忽略自身的素質培養就是捨本逐末。因此，我們在學習語言技巧的同時，還應全面提高自身的學識修養。

好的談判溝通，需要平時的累積和鍛煉。因為言語是以生活為內容的，有生活，有實踐經驗，談判的內容才能豐富起來。因此，對於生活糾紛、商業談話、國際事宜，都要經常關注，以吸取對我們有用的東西。對於所見所聞，都要加以思考、研究一番，儘量去瞭解其發生的過程、意義。

下面介紹一些累積素材的方法。

第四章 如何談：聽、說以及解決問題

1．多讀書多看報

日常生活中，我們每天都離不開報紙、雜誌和書。在讀書看報時，備一支筆、一些卡片紙和一把剪刀，把看到的好文章或讓自己心動的話語畫出來，或者剪下來，或摘抄在卡片上。每天堅持做，哪怕一天只記一二句，也是很有意義的。日積月累，在談話的時候，會不經意地用上曾抄下來的語句，也許它們會隨時隨地地從你的頭腦裡冒出來，讓你盡情地表達，給你一個意外的驚喜。

2．累積談話素材

對於談話的題材和資料，一方面要認真去吸收，另一方面要好好地去運用。懂得如何運用，一句普通的話也可以帶給你驚人的效果。學習吸收的目的是為了很好地應用，不能應用的學習吸收毫無意義。

3．提高觀察問題、思考問題的能力

只要你有觀察問題、思考問題時的尖銳眼光，有豐富的學識和經驗，有豐富的想像力、強烈的敏銳感，就能提高溝通技巧。

隨著溝通技巧的提高，你的生活也將豐富多彩，整個人的個性品質和各方面的能力都會提高，從而成為一個社交高手。

第四章
如何談：聽、說以及解決問題

從語言效果上來說，一切語言都是圍繞聽者而展開的，從這個角度來說，語言表達要以聽者為主體。以聽者為主體就是要考慮聽者的接受能力、處境、心情、實際需要和思想性格。

談判：由你決定遊戲規則

先傾聽，再說話

有些人在生活中常易犯一個毛病：一旦打開話匣子，就難以止住。其實，這類人的溝通效果可能並不好。但是，在談判這種目的性較為明確的溝通過程中，你能夠一語中的是十分重要的。

過多地傳達資訊卻並沒有考慮到可能收到的效果時，你的語言本身就已經失去本應該存在的效果了。比如，有幾個朋友聚在一起談話，當中只有一個人口若懸河，其他人只是呆呆聽著，這次聚會就會成為他的演講會，在場的其他人會感到無可奈何，甚至是憤怒。每一個人都有自己的發表欲，就像許多小學生對老師提出的問題，都希望老師為自己回答，即使他對於這個問題還不是很瞭解，只是一知半解地懂一些皮毛，但他還是想發表一下自己的觀點，這就是人天生的表現欲。

哈佛教授威廉·詹姆斯指出，人性最深刻的原則就是希望別人對自己加以賞識。所以，阻遏別人的表達欲，忽視對方的價值感，甚至否定對方的意圖，都會讓對方不高興，你在此情況下很難得到對方的認同，為什麼要做這樣的傻事呢？你不但應該讓對方有發表意見的機會，還要設法激發對方說話的欲望，使對方感覺到你是一位令人歡喜的朋友，這對一個人的好處是非常之大的。你可以試想一下，談判中，只有你一個人侃侃而談，對方似乎只是一個裝飾品，這還是談判嗎？還有談判的必要嗎？所以，就像記者麥克遜所說：「不肯留神去聽人家說話，這是不受人歡迎的原因之一。」一般的人，他們只注重於自己應該怎樣說下去，絕不管人家要怎樣說。

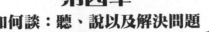

我們來看看下面這個案例：

蕾麗的爸爸被查出血糖血脂過高，他需要按照醫囑進行藥物治療，同時還需

談判：由你決定遊戲規則

要遵守嚴格的飲食作息時間。但是，蕾麗的爸爸並沒有按照醫囑去做，蕾麗試著去勸服他。但是，只要一提及這個話題，她的爸爸就顯出極大的抵觸情緒，而他們的談話也常常不歡而散。

蕾麗：「爸爸，你知道的，你現在的身體狀態可一點兒也開不得玩笑！你必須按照醫生的囑咐來做！」

爸爸：「得了吧，蕾麗，別老是跟我談這事了，我都已經聽煩了，妳知道，什麼準時吃飯、控制，我肯定做不到的。」

蕾麗：「你根本就沒有嘗試去做，又怎麼知道做不到呢！我明白，那樣嚴格的作息對你來說是困難了一些，但是，只要習慣了，你就會知道，這樣的作息並沒有那麼不可戰勝。或許，你還能從這種規律的生活裡獲得樂趣呢。」

爸爸：「樂趣？見鬼！不可能的，絕對不可能的！好了，別再和我說這個問題了，我已經不想談了！夠了！」

第四章
如何談：聽、說以及解決問題

這樣的談話，無疑是令人失望的，蕾麗與爸爸談判的目的不僅沒有達到，反覆強調同一個觀點反而加大爸爸的抵觸情緒。但是，過了幾天後，蕾麗嘗試著改變自己針鋒相對的態度和談話方式，這次她是先聽，先去理解爸爸的想法，然後再發表自己的意見。

蕾麗：「爸爸，我知道你不想再提控制的事了。但是，我想知道，這是為什麼呢？你為什麼會對這種事這麼抗拒呢？爸爸，告訴我吧，我只想聽你說說。」

爸爸：「哦，蕾麗，妳明白的，自從妳媽媽去世以後，我覺得所有的事都不一樣的了，不一樣了……」

蕾麗：「爸爸，你是覺得孤單嗎？你是在害怕什麼嗎？沒事，我們可以聊聊，我正聽著呢，爸爸。」

爸爸：「我不想讓你們有太大的壓力和負擔，我不想把自己不好的感覺傳染給你們，蕾麗，妳有自己的生活，妳有丈夫和孩子，但是，我不想妳因為我的事而過多的分心。」

蕾麗：「那你為什麼會這麼抵觸醫生的囑託呢？我明白，你其實是知道，這並不是一件壞事，不是嗎？」

爸爸：「是的，孩子，但是，每當我覺得自己如果真的按醫生說的做了，我就是個沒用的老頭子了，好像會隨時拖累你們似的，這讓我感到恐懼，妳知道的，我不想成為你們的負擔。」

蕾麗：「爸爸，我知道了。但是，我想要告訴你的是，你的健康會給我們帶來很大的快樂，這種快樂又怎麼會是負擔呢？難道你覺得，比起耶誕節我們一家人圍在一起吃飯，躺在醫院的病床上更能讓所有人開心嗎？不！爸爸！或許我之前的態度有些強硬了，但是，我想你明白，我是真的想幫你。別讓我覺得對自己爸爸的健康還這麼的力不從心，好嗎？」

爸爸：「孩子，如果妳願意的話，那真是謝謝妳了。雖然會很麻煩，但是……我很希望能夠健康地和你們一起吃聖誕大餐！」

第四章
如何談：聽、說以及解決問題

從第二段對話中可以看出，傾聽和講話一樣具有說服力。傾聽者會聚精會神，搬出知識、經驗及感情等，使大腦處於緊張狀態，接受信號後，立即加以識別、歸類、解碼，作出相應的反應，表示理解或疑惑、支持或反對、愉快或難受等。這種與談話者密切呼應的聽，就是積極傾聽。積極傾聽既有對語言資訊的回饋，也有對非語言資訊，即表情、姿勢等的回饋。聽一番思想活躍、觀點新穎、信息量大的談話，傾聽者甚至比談話者還要疲勞。因為傾聽的人要不斷調整自己的分析系統，修正自己的見解，以便與說話人的思維同步。而對一般性質的談話，傾聽者會處於比較鬆弛的狀態，如閒談、一般介紹等，這時，人們都在一種隨意狀態中接受資訊，這就是消極傾聽。

一般來說，進行談判需要瞭解對方的各類資訊，比如，對方的目的、意圖、打算，在獲得這些資訊的過程中，沒有任何一種技巧比傾聽來得更加方便快捷。同時，你也可以從聽到的內容裡面分析和研究出很多習慣用法，比如，如果對方常說「說來……」這表示說話者故意給你一種印象，這個觀點是他剛想到什麼，但十之八九，他所要說的是重要內容，卻以隨便的口吻偽裝成不重要，掩人耳目。

集中精力地聽，是傾聽藝術的最基本、最重要的問題。據心理學家統計表明，一般人說話的速度為每分鐘一百二十到一百八十個字，而聽話及思維的速度，則大約要比說話的速度快四倍左右。因此，往往是說話者話還沒有說完，聽話者就大部分都能夠理解了。這樣一來，聽者常常由於精力的富餘而開小差。那麼萬一這時對方講話的內容與我們理解的內容有偏差，或是傳遞了一個重要資訊，這時真是聰明反被聰明誤，後悔已是來不及了。

所以，這個時候，需要我們運用一些技巧。比如，你需要認真地去傾聽。很多資訊，需要你在聽的時候就分辨出來，哪些是真的，哪些是假的，哪些是有用的，哪些是沒用的。同時，你還可以邊聽邊做筆記，把你認為非常重要的，有利於你找對方語言漏洞的地方，等等，都記錄下來。

第四章
如何談：聽、說以及解決問題

聽是有技巧地聽，而不是一味放空腦袋去聽。

影子談判：由你決定遊戲規則

為了瞭解而提問

我們用語言來談判，這就涉及語言使用的技巧。比如，當你在和對方談生意的時候，對方皺著眉頭問出一句：「你是真的想和我們合作嗎？」多數情況之下，對方並不是在詢問這個事實，而是在表達自己的不滿——「你是不是根本就不想和我們合作！」這說明，你的某些行為觸到了對方的某根弦，讓對方很不樂意。

從這裡我們可以明白一個道理，很多話不是怎麼想就能怎麼說的，我們的觀點和主張，有時候是不適宜作為問題提出來的。也就是說，我們提問的目的很大程度上不是為了直接說出自己的觀點、想法或者情緒，而是以一種充滿諷刺意味的見

第四章

如何談：聽、說以及解決問題

解或說法來表達自己的心情。否則，直接說出一些很負面的話，很容易讓別人對你產生不好的印象。

為什麼會這樣呢？我們可以來分析一下這兩句話——「你打算用這個條件來換得我們的妥協嗎？」其實，這句話的潛臺詞是：「你的條件還不足以讓我們公司妥協，除非你再加一些籌碼。」

其實，這兩句話表達的都是同樣的情緒和意義，但是第一句更委婉，它表述出了自己的情緒和主張，但是，能夠讓人接受，也更容易讓聽者把注意力集中在事實本身。如果使用的是後面一句話，那麼，就容易讓聽者集中注意力在話語裡隱藏的負面情緒上，這會讓聽的人誤解你的訴求，而覺得你只是在單純地控訴。這個時候，你想要傳達的真實含義就無法精確地讓對方明白了！

所以，在這裡，提問只是單純地淪為盤問對方的工具。但是，這並不是我們提問的目的。談判的目的不是透過說服而去瞭解，而是透過瞭解而去說服。

許多人在進行談判時，只顧著發表自己的主張，而從不詢問對方的希望。這

談判：
由你決定遊戲規則

與哈佛談判小組的研究結果背道而馳。事實上，使對方滿意的最佳資訊來源之一，正是對方本身。例如，對方是否堅持與州長本人說話？為何他如此堅持呢？作家是否排斥應徵客座教授？果真如此的話，他們會喜歡何種安排？大學能否以別的方法吸引他們擔任教職？要求加工資的祕書是否覺得她比一年前對公司有更多的貢獻？這些額外的貢獻是什麼？她認為這些貢獻對公司具有何種價值？在此強調的是，不能把這些問題當作向對方的挑戰，而是真心想瞭解對方的期望，以及對方為什麼自認有資格提此要求。我們不得不一再強調「為什麼」的重要性，因為只有獲得這項問題的答案，你才能掌握對方的立場和興趣所在，也才可以達成同時令雙方滿意的解決方法。

實踐中，不同的談判過程，獲得資訊的提問方式也不同。一般情況下，提問有以下幾種方式：

一是一般性提問，如：「你認為如何？」；

二是直接性提問，如：「誰能解決這個問題？」；

三是誘導性提問，如：「這不就是事實嗎？」；

四是探詢性提問，如：「是不是？」「你認為呢？」；

五是選擇性提問，如：「是這樣，還是那樣？」；

六是假設性提問，如：「假如……怎麼辦？」。

除了這些提問方式之外，我們還應該注意什麼呢？有什麼原則性的東西是我們需要瞭解的呢？

首先，提出的問題必須能夠讓對方接受。

根據問題回答的可行度，可以對問題本身的可行度作一個初步判斷。你提出的問題，是能夠讓對方回答的，是可以讓對方接受並回答的，那麼，這就是一個恰當的問題。你提出的問題必須要切中要點——可能是談判中一個十分關鍵的因素，也可能是個看上去無關緊要但是有較大影響的問題，儘量避免無意義的錯誤假定或者是有明顯敵意的問題。

其次，針對性要強。簡單地說，就是問題提出來後，需要能夠引領出一個思路或者解決方案來。提出一個明顯沒有結果的問題，是非常浪費時間的。比如，當買主不感興趣、不關心或猶豫不決時，賣主應問一些引導性問題：「你想買什麼東西？」「你能接受的價位是多少？」「你對於我們的消費調查報告有什麼意見？」等等。提出這些引導性的問題後，賣方可根據買方的回答找出一些理由來說服對方促成交易。

最後，不僅要注重問題的實質內容，更要關注問題帶來的影響。好的問題，不僅能夠引導一個思路，更能夠引起對方長久的注意和興趣。而提問題的有效頻率，或許能夠引導對方走向你的思考方向和最終結果。

當然，在提問的過程中，也有一些禁忌需要注意。以下是幾種比較典型的不受歡迎的問題，以作防範：

第四章
如何談：聽、說以及解決問題

1．明顯敵意性問題：帶著強烈的敵意，同時能夠引起對方敵意的問題。這種明顯的負面刺激，如果不是特殊策略或技巧，是要注意避免的。

2．個人隱私性問題：詢問對方親近性的問題能夠建立初步的信任感，但是一定要注意尺度。比如，年齡、收入、家庭情況等，要適度詢問或者乾脆不提。

3．品質質疑性問題：不要隨意地指責對方的人品、名聲、信譽，這種有道德譴責意義的提問要慎重表達或者使用。

4．故意表現性問題：有些問題根本沒有實質意義，只是為了表現自己。這種問題十分容易引起對方的反感。

提問是談判中獲得對方資訊的一般手段。透過提問，除了可以從中獲得眾多的資訊之外，還常常能發現對方的需要，知道對方追求什麼，這些都對談判有很大的指導作用。另外，提問還是應對談判的一個手段，是談判者機警的表現。

談判：由你決定遊戲規則

回答需要給自己留後路

談判中，尤其是國際商務或者國家事宜的談判中，每一句話都要謹慎。你對自己回答的每一句話、每一個字都要負責，因為，你所說的話，所作的回答，就等於是一種承諾。在嚴肅的場合下，如果你說完之後反悔，想要改口，那是很難的，而這種損失也是可大可小的。

你問，我答。

很多人認為這是一件容易的事情。其實，事情遠非這麼簡單。我們不僅要根據提問來進行回答，還必須要答得恰當。也就是說，你必須要聽清楚問題，然後，思考：對方到底問的是什麼？問題的表面和實質是否一致？是否有弦外之音？我應該如何回答？對方是否在引導我進入他的思路？

接下來，我們來看同種情況下的兩段不同問答，可以從中感受一下，巧妙地回答問題，應對談判到底是怎麼一回事。

麗莎（下屬）和克利（上司）

第四章

如何談：聽、說以及解決問題

1．不好的回答

麗莎：「（憤怒中）頭兒，我想找你談談，關於預算手冊的事，我覺得那不是我的問題，資料失誤導致我的圖示失誤，難道這不是你的錯嗎？」

克利：「聽我說，麗莎，我們可以好好談談。關於預算手冊的事，我覺得我已經做好了一切，只是給妳一些善後工作。而且，妳現在的態度讓我很不滿意。」

麗莎：「我很生氣，因為我覺得這明明是你的錯，而你卻不想承擔責任，這難道不是你為自己找藉口嗎？」

克利：「妳覺得那是我為自己找的藉口？妳現在是想把所有的責任都推到我

一個人身上嗎？妳現在這種攻擊性的態度真是讓人不舒服。」

2．好的回答

麗莎：「（憤怒中）頭兒，我想找你談談，關於預算手冊的事，我覺得那不是我的問題，資料失誤導致我的圖示失誤，難道這不是你的錯嗎？」

克利：「麗莎，關於預算手冊的事，我想了很多。我和妳一樣沮喪，也理解妳的心情。其實，我最擔心的是這次的事會影響我們之間的友情和良好合作關係。而就這件事本身，我們可以好好談談。」

麗莎：「我很生氣，因為我覺得這明明是你的錯，而你卻不想承擔責任，這難道不是你為自己找藉口嗎？」

克利：「實際上，無論事情如何，我覺得妳不應該糾結在是不是讓妳重新做預算圖表的問題，妳應該即刻去做，而不是耗時間和我在這裡爭論。事情已經發生了，現在來追究到底是誰的責任對解決問題根本就沒有幫助，不是嗎？而且，這個專案客戶催得很緊，他那個人，妳也是見識過的，之前妳也負責過他的專案。不是還被他挑出錯誤來了嗎？」

麗莎：「難道你想說那也是我的責任嗎？」

克利：「當然不是，我想說的是，那一次其實不是妳的錯，我明白對方只是借題發揮想要加大利潤。所以，妳應該比任何人都清楚，任何一個小失誤到了他那裡會被誇大成什麼樣子。唉……那一次，我知道妳受了很大的打擊。妳知道的，那個人很難應付！」

麗莎：「是啊，那一次真是失敗！聽你這麼一說，這次的專案你也承受了不小的壓力？」

克利：「唉……其實，這次項目的這個小失誤本來沒有必要非要重新做圖示。但是，為了不再讓他們抓到把柄，難道我們不應該做得更好嗎？」

麗莎：「嗯，看來，這次的事是我衝動了，我脾氣有時候有些火爆，你知道的。我開始只是想幫你，但是最後你還要求我重做，並且還不是我的原因，所以，我很氣憤。」

克利：「我知道的，麗莎，我從沒想過傷害妳。那麼，這次的事就讓我們一起努力吧！」

影子談判：由你決定遊戲規則

從以上的對比中我們可以看出，前一段麗莎的提問一直糾結在「責任到底在誰」這個問題上，而她的上司克利的問題則一直只停留在麗莎攻擊性的態度上，就解決問題而言，兩個人的對話是沒有意義的，這只能讓他們陷入惡性循環之中。

在這次事件中，克利應該負上多數責任，因為他不僅是資料預測人，更是整個項目的掌控者，無論從事件本身，還是職責大局上來看，克利都應該在言談中表現出一副有擔當的樣子。所以，在後一段對話中，克利先透過站在對方立場來回答，用情感軟化對方，然後，再來闡述「解決問題」這個實質任務，最後他還找了「客戶」來作為兩個人共同的敵人，更是強化了兩人的共同立場。在這個過程中，克利其實沒有非常明顯地直接承認自己的錯誤，這保全了他身為一個領導者的尊嚴，並弱化了雙方立場的對立狀況。而且，透過這樣一連串的回答，我們可以看出一個思路——克利一步一步將兩人之間的對立，逐漸引導為同一立場。

透過這個案例，再結合下面的具體技巧，我們可以瞭解如何在談判中巧妙回答問題。

第四章
如何談：聽、說以及解決問題

1．不需要十分明確和徹底地回答對方的問題

答話者要將問話者所提的問題範圍縮小，或者在回答之前加以修飾和說明。比如，對方對某種產品的價格表示出關心，發問者就會直接詢問這種產品的價格，如果很徹底地回答對方，把價錢一說了之，那麼在進一步的談判過程中，回答的一方就會比較被動。同時，回答時不要過早地暴露自己的實力，通常可用先說明一種類似的情況，再拉回正題，或者利用反問把重點轉移。

2．讓自己有充足時間思考問題，同時，弱化對方追問的機會和興致

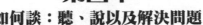

接收到問題後，不一定要馬上回答，你需要用技巧和時間讓自己得到緩衝。這個時候，對方可能會以催問的形式，給予你回答問題的壓力。尤其是當對方察覺到你的倉促回答有漏洞的時候，很可能就會緊抓不放。此時藉口問題無法回答也是一種迴避問題的方法，可以這樣說：「我不知道我的回答是否會成為你的問題的答案，我將十分誠實地回答，但這種結果只有間接的關係。」從而為避免落入圈套而留下廣闊的空間。

3．沒必要的問題可以不正面回答

不是對方的每一個問題，你都有義務要回答。有些問題你認為觸及到了自己的實際利益、人格尊嚴等，可以選擇不回答或者是不正面回答。例如，對方提一些與談判主題無關的問題，你回答這種問題顯然是浪費時間。或者，對方會有意提一些容易激怒你的問題，其用意在於使你失去自制力。你不假思索地回答這種問題，只會損害自己。因此對這類問題可以一笑置之。

第四章
如何談：聽、說以及解決問題

回答問題是需要技巧的。這種技巧不僅要根據問題本身來制定，還要根據說話水準、場合需要，等等。所以，切記，不要急著作答，迅速地回答對方的問題，不是唯一的應答途徑。

拒絕不是一個簡單的「不」字

商務談判中，討價還價是難免的，也是正常的，有時對方提出的要求或觀點與自己的相反或相差太遠，這就需要拒絕、否定。但若拒絕、否定死板、武斷甚至粗魯，會傷害對方，使談判出現僵局，導致談判失敗。高明的拒絕應是審時度勢，隨機應變，有理有節地進行，讓雙方都有迴旋的餘地，使雙方達到成交的目的。

在談判中，我們同樣也會拒絕對方提出的建議。如何傳遞拒絕的資訊，還要讓對方覺得舒服。首先開口說拒絕的時候千萬不能說抱歉，這個拒絕沒有欠對方什麼，而是從自身出發，確實無法滿足對方的要求，所以開口的時候一定不要說抱歉。在表達意見和感受的時候，一定要真誠地處理，有效地溝通。同樣的一個「不」字，透過什麼樣的方式傳遞給對方，結果是不一樣的。

下面介紹談判中幾種婉言拒絕的技巧：

1．委婉暗示拒絕法

這種方法就是不直接用語言明確地拒絕對方的要求，而是以各種比較含糊的語言或表情態勢來向對方傳遞己方不能接受的資訊。此外，在談判中使用一些敬語，也可以表達你拒絕的願望，傳遞你拒絕的資訊。

2．先承後轉拒絕法

為防止被拒絕一方對抗心理的產生，我們應從人們通常所具備的期望得到尊重、理解的心理需求出發，先從對方的意見中找出雙方均不反對的某些實質內容，從某個適當的角度予以肯定與認可，找出其中的共同點，表達對對方的理解與尊重

（先承）；然後再就雙方看法不一致的內容進行比較平靜與客觀的闡述，以啟發和說服對方（後轉）。

這樣一來，由於對方先獲得了被尊重、被理解的心理滿足，雙方心理上的距離拉近了，當後來被拒絕時，會感到己方比較通情達理，因而被拒絕而引發的心理不協調就會大大削弱。

3．引誘自否拒絕法

面對談判中對方提出某些己方認為不合理的過分的要求、失實的指責，最好不要直言反駁，不要拍案而起、反唇相譏，而可用這種引誘自否法。即先不馬上答覆，而是旁敲側擊地提出一些經過構思的問題，誘使對方在回答中不知不覺地否定自己原來提出的要求或觀點。

4．補償安慰拒絕法

為避免因為拒絕而引起對方不快，我們可以採用這樣一種技巧，就是在答覆拒絕的同時，在心理需求和物質利益上，在己方力所能及的範圍內，給對方以其他方面的適當補償，以緩解對方因失望而帶來的心理不平衡。

5．你不退我不退拒絕法

即當對方提出己方所不能接受的要求或意見時，己方不受對方的牽制，不採取直接拒絕或反對的方式，而是針對前面談判中對方拒絕己方意見的某些要害問題，以攻為守，再次要求對方退讓，使對方處於被要求給予理解的位置而忙於招架。這樣一來，如果對方堅持不能退讓，也就不得不主動放棄要求己方做出較大退讓的要求了。

在談判中，假如對方提出的要求超過了己方所能承受的程度，而運用其他曉之以理

談判：由你決定遊戲規則

的方法仍無法擺脫對方的糾纏，為了使對方真正意識到再磨下去也是白費勁，不妨在對方面前擺出一些自己無法逾越的客觀上的障礙，表示自己實在力不從心、愛莫能助，從而使對方在放棄糾纏的同時對自己的拒絕給予諒解。

談判
由你決定遊戲規則

第五章
知道什麼時候可以喊停

第五章
知道什麼時候可以喊停

第五章
知道什麼時候可以喊停

找出決定權到底在哪裡

許多人總是會理所當然地認為，在與談判對手相見的時候，我們總是希望能夠掌握最終決定權——「嘿！頭兒，把決定的權力給我吧，否則我總覺得心裡沒底！」「老闆，你要是不給我做決定的權力，對方會認為我說的話根本就沒用。」其實，這樣的考慮是情理之中的。但是，雖然你把決定權握在手中讓自己有一種「大權在握」的感覺，可是，當你真正地明確告訴對方，你的的確確能夠對這筆交易做最終的決定，那麼，從談判技巧上來說，你很容易將自己放在一個不利的、被動的地位上。

為什麼會有這樣一種「不符合常理」的情況發生呢？

影子談判：由你決定遊戲規則

你可以這樣想，當你的談判對手發現這筆交易你說了算，他就會明白，只要集中火力把你說服，這次的談判問題也就不大了。一旦你表示同意，他就會告訴自己，這筆交易已經確定無疑了。可是如果你告訴對方，你必須把談判結果向上級彙報時，情況就不一樣了。無論你的上級是區域總部、集團總部、管理層、合夥人還是董事會，你的談判對手都會付出更大的努力來說服你。他知道，自己必須提出一份能夠讓你說服你上司的更合理的方案，而這個方案有可能給你帶來更大的利益。

所以，無論是真實情況如此，還是運用這樣的談判技巧，你都需要為自己建立一個更高的決定權機構。也就是說，你不能讓對方看出你真的能做主定下這次交易。要想讓這種策略最大限度地發揮作用，你所使用的更高權威最好是一個模糊的實體，比如說某個委員會或者董事會。打個比方，你真的見到過銀行的借款委員會嗎？其實，許多銀行家都會說，只要借款的金額在五十萬美元以下，借貸部門就可以直接決定，而無須請示借貸委員會。但是，借貸部門的工作人員非常清楚，如果她告訴你「我已經把你的計畫呈交給總裁了」，你就會說：「好的，那我們現在就去見總裁吧。」可是如果這位工作人員告訴你的是一個非常模糊的實體，你就不可能這麼做。

我們可以來看看下面這個案例：

白宮首席談判顧問羅傑．道森曾經擔任過加州一所房產公司的總裁。他談到自己的一次經歷——有一天，一個雜誌廣告推銷員找到他，向他推銷自己的雜誌廣告空間。羅傑看了他們的廣告空間後，覺得這家雜誌不錯，而對方的報價一千兩百美元也在他的可接受範圍內。他有心想要和他們合作，但沒有明確地說出來。他只是佯裝為難地說：「我覺得價格其實還不錯，但是，我沒辦法做最終決定，我需要請示一下管理委員會的意見。正好他們今晚會有一次會議，我到時候會跟他們說一下這件事，過幾天我再給你答覆吧。」幾天後，推銷員接到了羅傑的電話，「其實現在對你說這些話，我覺得有些尷尬，我本來以為一千兩百美元的價格他們會接受的。但是，沒想到他們覺得不合適，而且，我也很難說服他們。畢竟，他們最近也

影子談判：由你決定遊戲規則

在為公司的預算頭疼。他們就報了一個價，但是，我覺得有些低了，所以不太好意思跟你說。」推銷員卻說：「那麼他們同意多少呢？」「八百美元。」「哦！你知道嗎？這個價錢在我們公司是聞所未聞的。」羅傑也附和：「是啊，我也覺得不太合適，我們的管理委員會真是太小氣了，但是，畢竟現在公司的狀況必須讓他們考慮良多，這些也希望你能理解。」推銷員沉默了一會兒，回答道：「那好吧，我答應了。」

知道了這個策略，當立場換過來之後，我們就要清楚地瞭解，對方是否有決定權。很有效的一種方法就是設法知道對方組織內部決定做出的程式，以及與己方談判的人員在其內部是否有決策的資格，即個人的地位、權威、力量等。瞭解談判對方組織中的決定是怎樣做出來的、誰具有決定權、誰審查他們、資金由何而來、最後的決定由誰來做出，等等。在談判的過程中，必須使得磋商儘快接觸實質性的問題，而不能在原地兜圈子，其目的就是讓對手暴露出他沒有決定權的「真實面目」，並催促其及早向他的上級彙報請示。但在這個過程中，注意保持氣氛的平和友善，對事不對人，不要把攻擊的焦點放在對方身上。

無論對方是否有決定權，我們都要從語氣和態度上尊重對方，畢竟，談判是一種建立關係的過程。

談判：由你決定遊戲規則

力爭對方最後一個「小的讓步」

利益的爭取是可以在談判的每分每秒的，為了最大化達到自己的目的，哪怕是到簽協議的時候，也不要輕易簽字。即使到了最後一秒，也可以讓對方做出讓步，無論是小的還是大的。

當然，提出的附加價值的要求不能推翻已經達成的協議內容。如果連已經達成的協議都推翻了，那就得不償失了。哈佛商學院的談判內容中關於「讓步」，是做這樣的觀點——讓步是可以的。但是，你要知道自己為什麼讓步，怎麼讓步，怎麼透過讓步獲得相應的利益。

比如，你想購買一輛二手車。雙方已經談妥兩百萬日元成交。但是，你不要急匆匆地簽字。你要向對方提出最後一個小小的要求，但不要令對方感到是負擔。你可以嘗試說：「幫我把車內的坐墊換成新的吧。」也許對方會說「換坐墊要收費」，看起來似乎也有商量的餘地，這時你可以表露出猶豫的神情。當然，這也要視當時的情形而定。對於最後的一個小要求，對方或許會說：「真是沒有辦法。我們會為你更換坐墊的。」

運用這種技巧就要求我們能夠尋找到附加價值。但是，在談判的時候，我們容易犯兩個錯誤，即對附加價值的要求要不過緊要不過鬆。過緊的時候，就是過於注重附加價值，咄咄逼人，以至讓之前的談判都受到了不良影響；過鬆的時候，就是在起初就沒想過，或者是提出要求對方不同意之後就趕緊放棄，以至喪失原本可以得到的利益。其實，附加價值也是談判整體目標的表現，不是透過積極妥協，而是更有技巧地，甚至能讓對方更為主動地將這個附加價值給你，就是更高端的手法了。

第五章
知道什麼時候可以喊停

尋求附加價值不是單一的技巧，這需要整合你在談判之前的整體分析，需要

影子談判：由你決定遊戲規則

你有一個大局觀和長遠的眼光。你需要看到自己能夠獲得的利益，需要明白這個利益從何而來，你是否能夠找到附加價值，是否能夠使利益最大化。這要你去思考整個談判，需要你在談判前就能夠作出一個大致的判斷。所以，這就要求你不能為短期的、即刻的、眼前的利益蒙蔽，而要考慮更多深層次的、還未被挖掘出來的利益。因為談判的形式非常複雜，不是每一場談判都是最簡單的一對一的形式，它可能是多方談判，也可能在談判中需要多方溝通，這就需要更多維的角度了。

比如，很多女性買化妝品，無論是去小店還是大商場，她們在購物的時候，除了考慮這個產品的性價比、適用性，等等，還會在即將結束購買的時候向店員諮詢，是否有小樣贈送，套裝是否優惠，是否有小禮品贈送之類的問題。就己方來說，交易即將達成，已經是板上釘釘的事實了，那麼，為什麼不在最後一刻再提一些可能會被滿足的要求呢？同樣的價錢，你卻比別人得到更多，何樂而不為呢？而對於對方來說，這次的交易即將順利結束，這個時候，你提出的附加要求，如果在對方的可承受範圍內，一般情況下，對方是不會拒絕的。因為，這個時候的附加價值就等於建立了一種更加長遠的關係，也就是賺取回頭客。因為，如果對方提供給你的價值是別人沒有的、或者是大於別家的，那麼，你對這家店就會有好感，那就意味著你和對方可能再一次合作。對方就能夠取得優先權。

這些，都是需要用更為長遠和全面的思維去考慮的。或許有人會問，力爭對方最後一個「小的讓步」直接用不就行了，為什麼還要考慮那麼多呢？

我們用下面這個案例來說明一下：

瑪菲麗是一家新開的公司，想要售出某產品，這家公司雖然新興卻資產豐厚，所以，當它想要找合作對象的消息放出之後，就即刻吸引了許多供應商。經過長時間的篩選，這家公司的管理人員定下了三個供應商。這個時候，為了選取合作夥伴，他要求對方提出他們的報價。結果，第一家公司報價一百二十五萬，第二家公司報價八十八萬，第三家公司報出九十五萬。

瑪菲麗公司看到報價後，直接排除了第一家公司，理由是差價太高，讓人懷

談判：由你決定遊戲規則

疑對方的合作誠意。而第二家和第三家公司則因為報價接近，所以分別進行了談判。在談判的時候，第二家公司聲稱，不可能有更低的價格了。因為價格低廉，產品品質差別也不大，最後瑪菲麗公司選擇了第二家作為合作夥伴。

這樣的決定，看上去似乎十分合理，但是，如果我們能夠仔細思考以下問題的話，多數人可能就不會這麼做了。

1．是否應該在第一輪的時候直接排除第一家公司

沒錯，第一家公司的報價的確相對後兩家要高很多。但是，這也就意味著，我們能夠在之後的談判中將價格壓低，也意味著我們能夠最大限度地「榨取」附加價值。「價格這麼高的情況之下，你有什麼優勢讓我們公司來選你呢？除了產品本身之外，你還能夠為我們公司提供什麼來加大你的競爭力呢？」也就是說，在談判中，這家公司的附加價值空間有可能比其他兩家要大，再進一步推論，這就意味著

這家供應商的產品加上附加價值有可能大於其他兩家供應商。

2．即使排除了第一家，再和第二家、第三家公司談判的時候，僅僅以價格為標準是否合理

其實，和兩家供應商談判的時候，完全可以利用這兩家公司的競爭，為自己帶來更多的附加利益，比如，分期付款、延期付款、更高品質的售後服務，等等。而不是把這兩家公司割裂開來，自己進行對比，然後獲得交易說定的乾巴巴的產品，而沒有任何多餘的利益。

很多時候，當你以為自己贏的時候，你已經輸了，當你看上去似乎受益的時候，你其實已經在無形中提高了自己的成本。

談判：由你決定遊戲規則

「換擋」：調整議題

不是所有談判都是一次性就能夠成功的，只要談判雙方（多方）還想要追求彼此的利益和需求，就需要不停地談判下去，這是一種堅持，更是促進談判達成的藝術。

大多數人在談判中感到疲倦的時候，會做出一些讓步。締結協議的一個方法可以是首先同意一個仍有點粗略的整體框架，然後完成協定的其餘部分，因為此刻，合作關係已取代對抗，雙方放下了武裝。但不要鬆懈，談判的結尾依然很關鍵。這時你應制定自己的精神原則：不要想著妻子和孩子能夠早點見到我是多麼的開心啊！或者，我要好好地睡上一覺，忘掉這幾天的不愉快！等等。你必須戰鬥

第五章
知道什麼時候可以喊停

到最後一刻。因為越是在可能完成談判的時候，你越要有這樣一種預想——對方可能拿著合約，指著其中的一點說道，這一點的存在我們覺得極不公平，看來我們要重新開始了。這種情況不會少見，因為在不同的談論議題中，各種情況都有可能發生。如果你認為談判即將成功結束，自己可以懈怠下來的時候，你要相信，你的談判對手正在等著這一時刻。而你的反應，有可能威脅到整個協議。所以，越是即將接近尾聲的時候，越是你疲憊不堪的時候，你越要保持冷靜。

試想，如果已經連續機械式的運作了一個上午，腦力加體力的消耗讓人有種快要喘不過氣來的感覺。這個時候，多數人會怎麼做呢？

他們會停下來，或者泡一杯茶站在窗邊遠眺一會兒，或者找個靠椅躺著聽一下音樂，或者乾脆在午餐時間美食一番……你可以停下手頭的工作，做任何你想做的事情，等整個狀態和情緒恢復常態後，再回到工作上來。這種暫時的休息，我們稱為「換擋」。你會發現，花一個小時時間「換擋」來調整狀態，然後再進入到工作中三小時，比連續工作八小時的效率有所提高。《哈佛商業評論》曾經提出過一

由你決定遊戲規則

個研究結論——放下工作能夠給工作帶來意想不到的好處。負責這項研究的哈佛商學院教授佩羅說，波士頓諮詢公司的十二個諮詢小組的成員被要求每人每週固定休息一段時間，他說，事實上我們必須迫使一些專業人士放下工作。但這樣做的結果令哈佛研究人員和波士頓諮詢公司的管理人員都大為驚訝。由於要通力合作，確保每位諮詢師都能有時間休息，這就迫使各個小組加強溝通，分享更多個人資訊，而且形成了更好的關係。他們還必須更好地進行規劃，簡化工作程式，從對訪問客戶的結果看，這種情況有時帶來客戶服務的改善。

那麼，我們怎麼來理解談判中的「換擋」呢?談判中的所謂「換擋」，就是在談判進行時設法改變中心議題。事實上，許多談判，如公司、政府、自治團體以及各種工會間的談判正是如此。

無論遇到什麼問題，你覺得疲憊了，想要結束了。你都要在下一刻將這種想法拋棄。因為談判成功的前提是，你們必須還在進行著談判!而「換擋」技巧不僅可以暫時緩解一下一個問題、一個瓶頸、一個困難帶來的單一性僵局，還可以用滾輪戰術讓對方措手不及。比如，假設你代表資方，那麼，對於勞方接二連三提出工資問題、醫療問題，乃至休假問題——這就是一種「換擋」，隨時改變議題的技術——或許會感到不滿，窮於應付。然而，為了顧全大局，無論如何，你都必須做到「使談判繼續下去」的基本要求。

第五章

知道什麼時候可以喊停

無論你怎麼「換擋」，無論議題怎樣豐富，你需要有這樣一種表現（尤其是你特別想要持有對方的某種頗具影響力的資產，比如公司、專利、土地、名畫、鑽石、古董或馬匹，等等）——「我其實並不是很想要你手中的東西」「我對這個需求也不是很大」……這種漠然，或者說客觀的態度就不會讓對方察覺到你「極其想要促成這次談判成功」的意圖，因為只要讓對方發現了你這個「不可抗拒的需求」，就等於親手遞上了自己的把柄。

對方如果有意中止談判，便不可能眼睜睜地聽任你採取隨意改變話題的「換擋」技術，除非此話題他甚感興趣，或者對談判本身非常重要。當然，如果你的談判對手是個經驗不足或缺乏動力的人，那就另當別論了。在非重要的談判中，當你

談判：由你決定遊戲規則

想改變話題時，應事先向對方說明改變話題的理由，以取得其諒解，進而讓其毫無異議地接受你的提議。

但是，有時候，我們也要懂得一個道理，那就是當一些堅持已經沒有必要時，我們要懂得在什麼時候該走開了。放棄並不意味著你輸了，也有可能是換一條路的話，或許有更好的結果。

二十世紀八〇年代的大部分時間裡，美國東部航空公司和機械工人聯合會進行著緊張激烈的談判。最終他們的談判破裂，導致公司破產，雇員失業。

這種談判破裂的局面通常是可以避免的。談判一般是僵持在一個問題上。如果發生這種情況，繼續往下談，找到你能找到的大量能達成協議的領域，然後再回到那個有爭議的問題上來，問題通常是可以解決的。然而有時僵持局面一時無法打破，瞭解你的選擇權將會提高你的談判能力。想像一下，你在一家汽車特許經銷商那裡，問問自己，如果我不買這輛車，我選擇什麼？得出的結果是：去找另一家經銷商，購買一輛不同的車。

第五章
知道什麼時候可以喊停

一旦你為自己找出更好的選擇方式，你以前認定的「最好買賣」可能就不那麼十全十美了。

談判：由你決定遊戲規則

別把簽約當終點

談判者經歷了有巨大壓力的談判過程之後，終於走到簽約這一步，不少人開始鬆一口氣，將這裡當作終點，卻不知道，許多交易最終敗在這一刻，談判桌上的問題導致無法付諸實施並創造價值，而整個談判歷程也變得毫無意義。

許多交易表面看來非常完美，但實際上永遠無法有效付諸實施，並創造出價值。追根溯源，問題就出在談判桌上。事實上，被大家視為交易核心人物的談判者，常常就是使簽訂的交易最終遭遇滑鐵盧的人。

從談判簽約最基礎的角度分析，談判是為了爭取主動，而簽約是為了利益。

第五章

知道什麼時候可以喊停

商務談判中的各項談判工作固然重要，但是，即使談成了業務，如果不簽訂合約，雙方的權利義務關係不固定下來，以後執行就可能成為問題。所以說，合約的簽訂不可忽視，而且合約的簽訂不僅是商務談判取得成果的標誌，也是這個專案的開端。

談判雙方經過你來我往多個回合的討價還價、較量與讓步，就商務交往中的各項重要內容完全達成一致以後，為了明確彼此之間的權利和義務，同時也為了以後的履行提供一個標準，取得法律的確認和保護，一般都要簽訂商務合約。因此，簽約工作做得好與壞關係到整個商務談判是否取得了成功，它是全部談判過程的重要組成部分，是談判活動的最終落腳點。簽約意味著全部談判工作的結束。

什麼時候可以提出簽約？有經驗的談判者總是善於在關鍵的、恰當的時刻，抓住對方隱含的簽約意向，或巧妙地表明自己的簽約意向，趁熱打鐵，促成交易的達成與實現。但這個時機要如何把握，促使談判向協議達成邁進呢？如何洞察、把握簽約的意向，向協定的達成邁進？如何抓住最佳時機、當機立斷，立即簽約？這是談判者應該掌握的基本技巧。

談判：由你決定遊戲規則

在確定了雙方已經基本完成各項問題的討論，並進入尾聲的時候，可以留意對方的信號，同時適當地拋出己方的信號，例如，表示自己的觀點已經闡述完畢，如上所述等。

討論完畢之後，必經的一個步驟就是最後一次報價，這裡專家提醒：

1.不要過於匆忙報價，否則，會被認為是另一個讓步，令對方覺得還可以再努力爭取到另一些讓步；如果報價過晚，對局面已不起作用或影響很小，也是不妥的。為了選好時機，最好把最後的讓步分成兩步，主要部分在最後期限之前提出，剛好給對方留一定時間回顧和考慮。次要部分，如果有必要的話，應作為最後的「甜頭」，安排在最後時刻做出。

2.最後讓步的幅度大小也應該控制，因為最後讓步必須足以成為預示最後成交的標誌。在決定最後讓步幅度時，一個主要因素是看對方接受這一讓步的人在對方組織中的位置。如果讓的幅度比較大，應是大到剛好滿足較高職位的人維持他的地位和尊嚴的需要。

3．讓步與要求應該同時提出，除非己方的讓步是全面接受對方現時的要求，否則，必須讓對方知道，不管在己方做出最後讓步之前或做出讓步的過程都希望對方予以回應，做出相應的讓步。比如，在提出己方讓步時，示意對方這是談判個人自己的主張，很可能會受到上級的批評，所以要求對方予以同樣的回報。

由於簽約是一個很嚴肅的商務活動，其細節也不容忽視，主方應會同有關各方一道指定專人，共同負責合約文本的定稿、校對、印刷、裝訂、蓋章等工作。簽署涉外商務合約時，比照國際慣例，待簽的合約文本應同時使用有關各方法定的官方語言。

為了談判的成功，談判人員應該有更清醒的認識。牢記最終目的，協助對方做好準備，將協調一致視為共同的責任，保證資訊的一致性，將談判當作一項業務流程進行管理，這些都是談判團隊應該做到的。如何在這些方面做到最好，專家提出了一個練習方法，那就是談判團隊在做準備工作時，可以想像一下交易合約簽訂了一年之後可能遇到的各種各樣的問題。

專家還建議，最好不要試圖透過讓對方措手不及來取得優勢，因為如果對方沒有進行某方面的深入思考，有可能取得成功，但是錯誤的決定對雙方今後的長期關係沒有好處，而如果對方已經準備充分，這個方法也就失去了作用。

一旦簽訂合約，談判團隊就必須及時向所有人員通報交易的條款和為了達成最後的協議所做的取捨。這一點非常重要，無論是對己方還是對對方來說，如果將合約交與各個執行團隊時不作任何解釋，那麼各個團隊對交易目標、談判者的意圖都將形成不同的看法，一方面不利於公司內部的團結，另一方面有可能影響到協議的執行程度，甚至造成談判的結果失去實際意義。

還有最後的一個工作是把規範的談判準備流程和談判後的評估結合起來。因為談判後的評估是要針對談判的各個階段進行統計，分析與總結，因此如果談判準備流程按規範實施，在提高工作效率的同時，還可以與評估相結合，直到最後的協定簽訂都可以記錄並為以後的長期發展提供參考。

目前更多的專家提出，傳統的簽約式談判觀念，使得大部分的談判人員把談判之後簽訂合約作為最終目標，甚至只看簽訂交易的數量和規模來評估談判者的工作，這種觀點註定只能適應於短期發展，而無法促進談判能力的整體提升，並且對最終專案的展開也無法提供任何幫助和指導意見。

與這種觀點相似的，有管理學家提出，公司及其談判人員都應該更新談判觀念，不再局限於盡可能獲得最優惠的交易條件，而是探尋以後建立長期健康的合作關係，從簽約式向執行式發展，能夠更大程度上確保專案的順利展開和進行。

第五章

知道什麼時候可以喊停

談判結束後，專案開始前，所有的談判人員都不應該放鬆，這是一直以來談判過程的最終實現，如果在最後關頭沒有把好關而出現了失誤，相信這是所有談判者最不願意看到的。

影子談判：

由你決定遊戲規則

說服人的關鍵

理由是說服人的關鍵，也是根本，因此我們在說服別人的過程中最具說服力的方法，就是強調最大最關鍵的理由。

多年以前，拿破崙．希爾曾應邀向俄亥俄州立監獄的服刑人發表演說。他一站上講台，立刻看到眼前的聽眾之中有一位是他在十年前就已認識的朋友——D先生，D先生此前是一位成功的商人。

拿破崙．希爾演講完畢後，和D先生見了面，談了談，發現他因為偽造文書而被判二十年徒刑。聽完他的故事之後，拿破崙．希爾說：「我要在六十天之內，使你離開這裡。」

第五章
知道什麼時候可以喊停

D先生臉上露出苦笑，回答說：「希爾，我很佩服你的精神，但對你的判斷力卻深感懷疑。你可知道，至少已有二十位具有影響力的人士曾經運用他們所知的各種方法，想使我獲得釋放。但一直沒有成功。這是辦不到的事！」

大概就是因為他最後的那句話——「這是辦不到的事」——向拿破崙．希爾提出了挑戰，他決定向D先生證明，這是可以辦得到的。

拿破崙．希爾回到紐約市，請求他的妻子收拾好行李，準備在哥倫布市——俄亥俄州立監獄所在地——停留一段不確定的時間。

拿破崙．希爾的腦海中有一項「明確的目標」，這項目標就是要把D先生弄出俄亥俄州立監獄。他從來不曾懷疑能否使D先生獲釋。他和妻子來到哥倫布市，買了一處高級住宅，像要永久性地住下去一樣。

第二天，拿破崙．希爾前去拜訪俄亥俄州州長，向他表明了此行的目的。拿破崙．希爾是這樣說的：

「州長先生，我這次是來請求你下令把D先生從俄亥俄州立監獄中釋放出來。我有充分的理由，請求你釋放他。我希望你立刻給他自由，為此我準備留在這兒停留，等待他獲得釋放，不管要等待多久。在服刑的期間，D先生已經在俄亥俄州立監獄中推出一套函授課程，你當然也知道這件事：他已經影響了俄亥俄州立監獄中二千五百一十八名囚犯中的一千七百二十八人，他們都參加了這個函授課程。他已經設法請求獲得足夠的教科書及課程資料，而使得這些囚犯能夠跟得上功課。難得的是，他這樣做並未花費州政府的一分錢。監獄的典獄長及管理員告訴我說，他一直很小心地遵守監獄的規定。當然了，一個能夠影響一千七百多名囚犯努力學習的人，絕對不會是個壞傢伙。我來此請求你釋放D先生，因為我希望你能指派他擔任一所監獄學校的校長，這將可使得美國其餘監獄的十六萬名囚犯獲得向善學習的良好機會。我準備擔負起他出獄後的全部責任。這就是我的要求，但是，在您給我回答之前，我希望您知道，我並不是不明白，如果您將他釋放，而且，您又決定競選連任的話，這可能會使您失去很多選票。」

俄亥俄州州長維克·杜納海先生緊握住拳頭，寬廣的下巴顯示出堅定的毅力。他說：「如果這就是你對D先生的請求，我將把他釋放，即使這樣做會使我損失五千張選票，也在所不惜……。」

這項說服工作就此輕易完成了，而整個過程耗時竟然不超過五分鐘。

三天以後，州長簽署了赦免狀，D先生走出監獄的大鐵門，他再度恢復了自由之身。

第五章
知道什麼時候可以喊停

拿破崙．希爾之所以能夠成功地說服州長，和他的周密考慮和精心安排是分不開的。拿破崙．希爾事前瞭解到，D先生在獄中的行為良好，對一千七百二十八名囚犯提供了良好的服務。當他創辦了世界上第一所監獄函授學校時，他同時也為自己打造了一把打開監獄大門的鑰匙。既然如此，那麼，其他請求保釋D先生的那些大人物，為何無法成功地使D先生獲得釋放呢？他們之所以失敗，主要是因為他們請求州長的理由不充足。他們請求州長赦免D先生時，所用的理由是，他的父母是著名的大人物，或者是說他是大學畢業生，而且也不是什麼壞人。他們未能提供

談判：由你決定遊戲規則

給俄亥俄州州長充分的動機，使他能夠覺得自己有充分的理由去簽署赦免狀。

拿破崙．希爾在見州長之前，先把所有的事實研究了一遍，並在想像中把自己當作是州長本人思想一遍，而且弄清楚了，如果自己真的是州長，什麼樣的說辭才最能打動州長。拿破崙．希爾是以全美國各監獄內的十六萬名男女囚犯的名義，請求釋放D先生的。因為這些囚犯可以享受到D先生所創辦的函授學校的利益。他絕口不提他有聲名顯赫的父母，也不提自己以前和他的友誼，更不提他是值得我們幫助的人。所有這些事情都可被用來作為請求保釋他的最佳理由，但和下面這個更大、更有意義的理由比較起來，就顯得沒有太大的意義。這個更大、更有意義的理由是，他的獲釋將對另外的十六萬名囚犯有很大的幫助，因為他獲釋之後，將使這些囚犯享受到他所創辦的這個函授學校的好處。因此，拿破崙．希爾靠著這個最大最關鍵的理由獲得了成功。

首先，勸人應當在當事人還沒有打定主意時進行。當事人在作出決定之前，會把各方面因素放在一起考慮、判斷，這時勸說人的意見會比較容易被納入他的參考因素裡面，從而會對決定的結果發揮到影響作用。但如果人已經作出最終的選擇，這時候再去勸說，往往他會礙於面子或者因為有了傾向的暗示，不會採納勸說人的建議。

其次，可以在他人猶豫不決時勸說。當一個人剛剛作出決定，開始實施的時候，即便看出這個決定行不通，但當事人正雄心勃勃，他人的意見很難被接受，這時可以耐心等待，等到執行的過程中出現了問題，當事人的信心開始動搖的時候，勸說人再拿出建議，這樣被採納的機會會更大一些。最後，在他人情緒激動的時候，勸人很難取得應有的效果。這時當事人的思想完全被情緒控制，任何勸說都不會動搖他的信念，這時說出和他意見相左的話，只會讓他的偏執更極端。

第五章
知道什麼時候可以喊停

生活中每個人都要作出很多決定，由於各人對問題的認識，擁有的經驗，看問題的方式不同，可能別人要做的決定，與我們的想法不同，這時候適當地勸說會讓當事人做出更明智的決定，但要注意，勸說的時機是非常重要的。

第六章
各種情況下的談判

第六章
各種情況下的談判

第六章
各種情況下的談判

不同的對象，不同的策略

談判，主要是靠語言交流完成的。因此，欲取得談判的最佳效果，就要針對不同的談判對象，採取不同的語言策略。

有人戲稱談判是一場頑強的性格之戰。因為我們要接觸的談判對手可能千差萬別，無論經驗如何豐富，也很難做到萬無一失。因此，對於各種不同的談判對象，可以視其性格的不同而加以調整，採取不同的策略。

1．霸道的對手

由於具有某種優勢，這種人十分注意保護其在對外經濟貿易以及所有事情上的壟斷權，在撥款、談判議程和目標上受許多規定的限制。與這種人打交道，一般應做到：準備工作要面面俱到；要隨時準備改變交易形式；要花大量不同於討價還價的精力，才能壓低其價格；最終達到的協議要寫得十分詳細。

這種人的性格使得他們能直接向對方表示出真摯、熱烈的情緒。他們十分自信地步入談判大廳，不斷地發表見解。他們總是興致勃勃地開始談判，樂於以這種態度取得經濟利益。在磋商階段，他們能迅速把談判引向實質階段。他們十分讚賞那些精於討價還價，為取得經濟利益而施展手法的人，因為他們自己就很精於使用策略謀得利益。他們對全面交易懷有十足的興趣。作為賣者，他希望買者按照他的要求做全面說明。所謂全面說明不僅包括產品本身，而且要介紹銷售該產品的一系列辦法。

2．死板的對手

這種人的談判特點是準備工作做得完美無缺。他們直截了當地表明希望做成的交易、準確地確定交易的形式、詳細規定談判中的議題，然後準備一份涉及所有議題的報價表，陳述和報價都非常明確和堅定。

死板的人不太熱衷於採取讓步的方式，討價還價的餘地大大縮小。與之打交道的最好辦法，應該在其報價之前即進行摸底，闡明自己的立場。應儘量提出對方沒想到的細節。

3．好面子的談判對手

這種人顧面子，希望對方把他看作大權在握、起關鍵作用的人物。他喜歡對方的誇獎和讚揚，如果送個禮物給他，即使是一個不太高級的禮物，往往也能取得良好的效果。

4．熱情的對手

這類人的特點是，在業務上有些鬆鬆垮垮。他們的談判準備往往不充分又不過於細緻。這些人較和善、友好、好交際、容易相處，具有靈活性，對建設性意見反映積極。所以要多提建議性意見，並友好地表示意圖，必要時做出讓步。

5．猶豫的對手

在這種人看來，信譽是第一重要的，他們特別重視開端，往往會在交際上花很多時間，其間也穿插一些摸底。經過長時間、廣泛的、友好的會談，增進了彼此的敬意，也許會出現雙方共同接受的成交可能。

與這種人做生意，首先要防止對方拖延時間和打斷談判，還必須把重點放在製造談判氣氛和摸底階段的工作上。一旦獲得了對方的信任，就可以大大縮短報價和磋商階段，儘快達成協議。

6．冷靜的對手

他們在談判的寒暄階段，表現沉默。他們從不激動，講話慢條斯理。他們在開場陳述時十分坦率，願意讓對方明確有關他們的立場。他們擅長提建設性意見，做出積極的決策。在與這種人談判時，應該對他們坦誠相待，採取靈活和積極的態度。

針對上面的內容，我們總結出下面幾種應對策略：

1. 對兇悍派特別有效的方式是引起他們的注意，必須把他們嚇醒，讓他們知道你的底線在哪裡。其目的不是懲罰，而是要讓他們知道你忍耐的極限。

2. 指出對方行為的失當，並且建議雙方應進行更富建設性的談話，在這種情況下對方也會收斂火氣。這時最重要的是提出進一步談話的方向，給對方一個可以繼續交涉下去的臺階。

3. 對於逃避派或龜縮派，要安撫他們的情緒，瞭解他們恐懼的原因，然後建議更換時間或地點進行商談，適時說出他們真正的恐懼，讓他們覺得你瞭解他們而有安全感。這種方法對兇悍派也有效，只要他們產生了安全感，自然不會失去控制。

4. 堅持一切按規矩辦事。兇悍派、高姿態派、兩極派都會強迫你接受他們的條件，你應拒絕受壓迫，而且堅持公平的待遇。

5. 當對方採取極端立場威脅你時，可以請他解釋為什麼會產生這樣極端的要求，可以說：「為了讓我更瞭解如何接受你的要求，我需要更多地瞭解你為什麼會這樣想。」

6. 沉默是金。這是最有力的策略之一，尤其是對付兩極派，不妨這樣說：「我想現在不適合談判，我們都需要冷靜一下。」

7. 改變話題。在對方提出極端要求時，最好假裝沒聽到或聽不懂他的要求，然後將話題轉往別處。

8. 不要過分防禦，否則就等於落入對方要你認錯的圈套。在儘量聽完批評的情況下，再將話題轉到：「那我們針對你的批評如何改進呢？」

第六章
各種情況下的談判

避免站在自己的立場上辯解，應多問問題。只有問問題，才能避免對方進一步的攻擊。儘量問「什麼」，而避免問「為什麼」。問「什麼」時，答案多半是事實；問「為什麼」時，答案多半是意見，就容易有情緒。

談判：由你決定遊戲規則

如何與咄咄逼人的客戶談判

當發現你所期待的客戶不是很好溝通時，你面臨的選擇區間會變得極為有限。這筆生意你丟不得，可是做這筆生意如果賠了錢，你一樣負擔不起。對峙會使生意泡湯，可是妥協會吞食掉你的利潤。打破僵局的辦法是，避開對方的鋒芒，引導你的客戶走一條雙贏的道路。

一個優秀的談判人員，在面對客戶咄咄逼人的壓力和拒絕的時候，也能夠用各種技巧順利完成談判。那麼，如何既能夠保障自己的利益，又能夠促成談判成功，並為下一次的合作奠定基礎呢？這樣的商務談判我們要怎麼做呢？在本書前面的內容裡已經十分明確地點明瞭許多注意事項和談判方向、技巧、方式。那麼，除了上文所介紹的談判運用資訊之外，在進行商務談判的時候，尤其是面對來勢洶洶、咄咄逼人的客戶的時候，我們要做好哪些工作呢，又需要有哪些其他的注意事宜呢？

第六章 各種情況下的談判

1．做好充分的準備工作

談判前要做好資訊的搜集工作，主要需要搜集兩大方面的資訊——客戶和競爭者。要做好談判對象的摸底工作，瞭解他的背景、他的為人、他的談判風格，等等；還要瞭解客戶的需求、心理、期望，然後做好預算，並瞭解客戶對你所銷售產品的瞭解程度。談判不僅包括你和客戶兩方，還存在協力廠商，即競爭者。所以，在談判的準備階段，還要打探清楚同行的資訊，比如他們的產品品質、產量、交貨期、價格的彈性、服務、維護，等等，還要掌握他們的顧客關係以及競爭策略。

2．主題一定要明確

我們曾經說過，可以在談判陷入僵局時，運用「換擋」的技巧，但是，無論怎麼「換」，我們都要明白，這只是一種緩解的技巧，而不是你的談判主題真的能夠變來變去。我們只是透過這種變化的形式，最終取得對我們談判終極目的的加強和肯定。談判會令人變得不知所措，客戶經常會因為沒能取得絲毫進展而沮喪。這時候最關鍵的就在於保持頭腦冷靜，注意客戶的言語及神態，並且耐心等到平靜時，總結一下談判所取得的進展。比如，你可以這樣說：「您瞧，我們在這個上面花的時間也不少了，我們都想要達成一項公平的合作和共識。現在，我們可以回到付款條件上來，看看我們是否能夠有所進展。」

3．要學會利用感情，而不是被感情利用

我們透過上文知道感情是在談判過程中建立長久關係的重要因素，而且，這樣的技巧很容易在談判一開始就使彼此建立一種信任感，這種信任感將直接影響到談判的和諧氛圍。但是，我們要清楚，你可以發自內心地去使用這種感情策略並影

響對方，但是，要儘量不讓自己被這種策略反影響。當你的客戶也深諳感情策略的時候，為了避免自己被利用，我們要學會三個小技巧：首先，如果對方發感情牌，你可以要求休會，說明需要和上司商議；其次，不要總是點頭，保持一副同意客戶說法的樣子，你要表現得客觀，但是不要給予對方鼓勵；最後，你可以明確地說明你對客戶的看法和建議，但是，時間要把握好。

第六章

各種情況下的談判

別一開始就就著你和客戶可能發生衝突，造成僵局的難題入手，這容易讓談判在一開始就很難進行。你需要先營造一種良好的氛圍，入手一些比較容易達成共識的問題，這是為了接下去的發展做出一個勢頭。而且，當你們討論比較容易解決的問題的時候，你會發現，或者在這個過程中，又會出現一些變數因素，有些因素或許對你是十分有益的。

影子談判：
由你決定遊戲規則

推銷時，好聽話人人都愛聽

推銷其實是比較明顯的談判形式之一。客戶從你的身上得到產品或者服務，而你從客戶的身上獲得相應的利潤。

你想要從客戶身上獲得相應利潤這一點，無論是你還是你的客戶都十分清楚，所以，多數被推銷者因為這種提前認知而產生一種抗拒心理。「你就是想從我身上拿錢，我十分清楚你的目的，所以，你做這一切都是徒勞！」當你的客戶持這種心態的時候，你就需要用一些技巧來引導對方，讓你的客戶覺得，「哦！這傢伙推銷的東西的確是我需要的」「這傢伙對我還是有些關心的」。

以上我們已經介紹了一些談判技巧。比如，挖掘客戶的需求，站在對方的立

第六章
各種情況下的談判

場上思考、說話，等等。下面我們再介紹一種看上去簡單、普遍，實則運用起來十分需要技巧的談判方式。

我們來看看下面這個案例：

伊斯曼曾經在曼徹斯特開辦過一所伊斯曼音樂學校。為了紀念他的母親，還建了一所戲院。當時，紐約高級坐椅公司的總裁亞當森想得到這兩座建築裡的大筆坐椅訂貨生意。亞當森被領進伊斯曼的辦公室，伊斯曼正伏案處理一堆文件。

過了一會兒，伊斯曼抬起頭來，說道：「早安！先生，有事嗎？」

亞當森滿臉誠意地說：「伊斯曼先生，在恭候您時，我一直在欣賞您的辦公室，我很羨慕您的辦公室，假如我自己能有這樣一間辦公室，那麼即使工作辛勞一點我也不會在乎的。您知道，我從事的業務是房子內部的木建工作，我一生還沒有見過比這更漂亮的辦公室呢。」

伊斯曼回答說：「您提醒我記起了一樣差點遺忘的東西，這間辦公室很漂

談判：
由你決定遊戲規則

亮，是吧？剛建好的時候我對它也是極為欣賞。可是如今，我每次來這兒時總要盤算著許多別的事情，有時甚至一連幾個星期都沒好好看上這房間一眼。」

亞當森走過去，用手來回撫摸著一塊鑲板，那神情就如同撫摸一件心愛之物，「這是用英國的櫟木做的，對嗎？英國櫟木的組織和義大利櫟木的組織就是有點不一樣。」

伊斯曼答道：「不錯，這是從英國進口的櫟木，是一位專門與木工打交道的朋友為我挑選的。」

接下來，伊斯曼帶亞當森參觀了那間房子的每一個角落，他把自己參與設計並監造的部分一一指給亞當森看。

這時候，他們的談話已進行了兩個小時，亞當森也輕而易舉地獲得了那兩幢樓裡的坐椅生意。

有時候，推銷員說話並不在多，關鍵看你有沒有觸到對方心裡那根弦，而客戶的自尊和優越感就是那根弦。

並不是你想到的每一句話都能夠讓對方獲得愉悅感。在運用「說好聽話」這個技巧的時候，你需要考慮一個針對性和度的問題。一個氣球再漂亮再鮮豔，吹得太小，不會好看；吹得太大則容易爆裂。好聽話就如吹氣球，應點到為止，適度為佳。過分的讚美會變成阿諛；讚美不夠效果又達不到。誇獎或讚美一個人時，稍微誇張一點能更充分地表達自己的讚美之情，別人也會樂意接受。但如果過分誇張，你的讚美就脫離了實際情況，讓人感覺到缺乏真誠。因為真誠的讚美往往是比較樸實的，發自內心的。只有恭維、討好才是過分誇張和矯揉造作的。

要做到點到為止、褒揚有度是有技巧的。

第六章
各種情況下的談判

1．比較性的讚美

兩個人或兩件事相比較，在誇獎對方的同時，讓他意識到自己的優點和存在的差距，使對方對你的讚美深信不疑。

2．根據對方的優缺點提出自己的希望

指出對方的缺點和不足，並提出一定的希望，不僅不會損害你讚美的力度，相反，卻使你的讚美顯得真誠、實在，易於被人接受。可以多用「比較級」，千萬慎用「最高級」。

說好聽話不是我們的最終目的，而是透過這樣一種手段，引導別人注意我們的談話重點，同時增加客戶對我們的好感。

打發「麻煩」的電話銷售

當你想坐下來和家人吃個安靜的晚餐時，你的電話在不恰當的時間響起，電話行銷的業務代表會用甜美的聲音，快節奏地向你推銷產品。

當你遇上電話行銷的業務代表，展現其魅力人格，向你推銷維尼龍側邊材料（而你住在公寓中，根本不需要）或車庫遙控器（但你根本沒有車），在這裡，我們可以教你如何處理這些電話，使你可以迅速掛上電話，回到你原先正在做的事務上。

我們來看看下面這個案例，看看案例中的人是怎樣處理令人煩惱的銷售電話，讓對方永久性地知難而退。

影子談判：由你決定遊戲規則

麥爾先生曾經長時間地受到過電話騷擾。有一次，他想出了一個辦法來改變這一局面。當他一聽出對方的意圖時，請求稍待一會兒，去看一下別的東西。十秒鐘之後，麥爾先生掌控會話的主導權，他告訴來電者他沒有興趣聽他介紹產品，且告訴對方如果自己的名字不能從他們的名單上除名，他將會和當地的消費者保護協會聯繫。在對方還來不及作出任何反應之前，麥爾先生即問他是否清楚自己所說的。對方無言以對。

有時候對方已經打擾到你的正常生活了，你既想清楚地告訴對方「以後別再來找我了」，同時，又不想讓自己顯得過於暴躁。有些推銷員可以說是「再接再厲」，當你的拒絕沒有完全徹底地告訴對方時，他還是會一而再再而三地找上你。為了徹底地擺脫對方，我們需要以下技巧：

第六章
各種情況下的談判

1·對他說聽起來很感興趣，想和他的經理請教一個與產品有關的問題。而電話行銷的業務代表，急於完成一筆交易，幾乎大部分都會轉接給他的經理，然後你對他的經理說，你要求把你的名字及電話號碼永遠地從名單上除去，並威脅他若不照辦，將和管理機關聯繫。

2·威脅進行法律訴訟。若一個被你拒絕的公司仍反覆打電話給你，你說你最近認真考慮過該產品或服務，然後很有禮貌地要求和他的經理談話，向他的經理說你一再要求不再被該組織騷擾，現在你已別無選擇，只有採取法律行動，設法知道該經理的名字，並說明若你的名字及電話號碼不從名單中除去，你會要求你的律師開始採取不利該組織的法律行動。雖然你不是真要如此，但此招十分有效。

3·詢問電話業務員的名字，及該公司總裁的名字。若對方說他不清楚總裁的名字，或因許可權不能告知總裁的名字，則要求他說出經理的名字。當對方問你為何要知道經理的名字時，你則回答因為你不想再受到電話騷擾，你想確定其經理是否瞭解所有相關細節。

4・打斷電話業務員的話，說你們家有一項原則，就是不使用電話購物，要求和其經理說話，請求將你的名字及電話號碼從名單上除去。

5・用偏激一點的方法。在此提醒你盡可能用誠實的方式，但這招非常有效。當你和經理談話時，告訴他某先生或太太（事實上是你自己）最近不幸過世了。請該公司把他的名字除去，以免再激起你的悲痛，但這不是漂亮的做法。

6・運用幽默。若你認為前面所提採取法律的方式，對你而言太嚴重，其實你還可以想出很多其他的方式，使你被除名，那就是用會心一笑而不是用威脅的方式。擺脫莽撞的電話推銷人員的最好方法，就是使他會心一笑。

許多令你不舒服的難纏業務員，並不需要你寫投訴信、打電話或採取其他的法律行動，才能使你稍有喘息的機會，你應該學會採用以上方法處理這些短期的難纏人物。

第六章
各種情況下的談判

如何給自己談個好薪水

你在一個公司待得不錯——環境好、平臺好、發展機遇好，一開始你會覺得你和公司的勞動交換是對等的，但是，時間一長，你熟悉地掌握了很多工作上的方式、技巧，你的能力也是十分突出，已經可以在公司裡獨當一面了。這個時候，你就有可能關注和重視自身的價值，還有你為公司帶來的利益。那麼，最初你和公司談下的勞動報酬，似乎就無法滿足已經成長的你。那麼，加薪也就是勢在必行的事了。

我們先來看一下，加薪分為幾種。

普調。公司通常的調薪屬於普調，即具有普遍性。就是公司員工的工資普遍

談判：由你決定遊戲規則

都提升了，不止你一個人。

跟市場相關的調整。你可能剛進公司的時候是年薪十萬美元，但是，等你工作一兩年後，根據市場行情可能會做調動加薪。

晉級的調整。你在一個職位上做得十分出色，甚至整個公司都沒有人能夠在某一領域超越你，那麼，你就很可能升職，自然，薪酬也會跟著有所變動。

在我們希望加薪的時候，就需要做好很多工作，給自己一個更好的談判氛圍和機會。既然已經決定了去談判加薪，那麼，瞭解一下相關的緊要問題也是十分必要的。

1．加薪誰說了算

公司都是分級的，尤其是大公司，隸屬關係有時候很複雜，而小公司也會有等級區分，比如，專案經理、部門經理、部門主管、總經理，等等。這個時候，你應該去找誰呢？這就得看情況了。在普調的時候，你可以直接去找你的隸屬主管，這時他的決策權會相對大一些；在根據市場調整的時候，一般是老闆直接決定，但是，老闆在調薪規模上也是有控制，並且是根據目的來判定的，這時，你其實不用直接找他。因為，老闆會把自己的計畫直接通知給你的主管。而晉級加薪則是公司規定，有自己的部署。

2．什麼階段談加薪比較好

談論薪水不是你隨便選一個時間就可以的，它需要有適當的時機。你剛進公司一個月，就想加薪，你的優勢是什麼？哪怕你進公司一年了，但是你並未做出任何成績來，你又有什麼理由去為自己談薪水呢？所以，這樣看來，為自己談加薪的前提條件是，你必須對公司做出了突出的貢獻，並且讓上司、老闆明確地看到和認識到。這個時候，我們就需要選一個對自己有益的時間段，比如，你剛剛出色地完成了一個任務。有時，即使你沒有向人力資源部門申請加薪，老闆考慮到你的價值和貢獻，也會主動給你加薪的，因為你的創意、成就已經深入他的腦海。許多人都認為加薪是一個被動的過程，但是，如果你真正地讓公司、讓你的主管看到了你的價值，那麼，加薪其實並不是難事。而且，根據你自身的價值，你的薪水漲幅也是不同的，你越是不可替代、越是具有核心競爭力，你所談論的加薪的幅度也就會越高。

3．談判薪水的時候，都有什麼比較常用的技巧

你可以在談判之前，請獵頭公司或專業諮詢公司為自己做一次薪酬價值評估，以此作為薪酬談判的依據。當手上拿著由獵頭公司或專業諮詢公司出具的「薪酬評估報告」時，談判的底氣當然不同；可以提出一個合乎行情的範圍。要瞭解清楚「底薪」、「全薪」等的差別以及公司的薪酬架構，比如有的公司雖然月薪不高，但一年固定發十四個月薪水，每年會視業績發放紅利、股票等。因此不要單純地考慮月薪的多寡。

第六章
各種情況下的談判

同時，談判還有兩點禁忌是一定要注意的。

1·不要用自己的能力威脅公司。無論什麼環境下，我們都要明白，你的價值再大，也大不過集體，你的能力再強，假以時日也總有能夠替換你的人。如果你只是單純地用自己的能力來作為加薪談判的籌碼，甚至還威脅公司「不給我加薪，我就跳槽」，這種心態一旦確定，那麼無論你在什麼地方，都會讓人質疑你的人品。

實際上，只有少數能力極高的人才能成為公司頂端的不可替代者，普通情況下，公司並沒有義務一定要答應你什麼。因為一個員工如果要求工資翻倍的話，這是對公司體系的一個挑戰。老闆或許希望你留下，這是一種友好的信號，但是，並不意味著你能夠以此來要脅。

2·不要直接越級和老闆談薪水。很多時候，你根本就沒有必要和老闆直接談薪水，因為最瞭解你的表現和能力的人，是你所在部門的主管。主管對你工作的

談判：由你決定遊戲規則

滿意度就可能影響到你調薪的程度和成敗。

金錢的數目反映了對方滿意的程度，金錢的數目是業績的依據，是用來衡量成功與否的準則之一。若是你沖著老闆說道：「替你這笨蛋工作，每天面對著許多無聊的事，你必須給我加工資。」後果必然不堪設想。但是為了配合需求，應該簡潔地說：「老闆，我需要加工資。」簡單的資訊不僅輕鬆愉快，並且使老闆搭著你的肩膀說：「我喜歡有野心的人，好好做，我們一起前進。」有些人自小就被迫接受圍著金錢打轉的話題，甚至強迫地接受一種觀念，個人最喜歡的顏色應該是百元大鈔的顏色。當你聆聽他人的對話時，會覺得他們簡直就是鈔票的化身。但你若認為談判只是為了錢的話，那你就錯了。

不可以透過言談或者外表來判斷一個人，誠然賺錢是所需要的目標之一，卻只是許多需求中的一種。若是忽略了金錢以外的需求，便不能使對方都滿意。

第六章
各種情況下的談判

辭退員工的談判技巧

辭退員工是任何一家公司必然會面對的事情，由此引申出的辭退員工的談話也是HR最頭疼但又不得不面對的環節。如果HR處理不好，既會影響企業的正常發展，又會對HR工作穩定產生影響，更有甚者，如果碰到員工有對抗情緒，很有可能發生暴力事件甚至是集體衝突，對勞資雙方均不利，所以談判技巧顯得至關重要。

而這種談判一般我們可以將其分為三個階段——前期，中期，後期。在這三個階段裡面，我們還有需要注意的各種事宜：

影談判：由你決定遊戲規則

前期：前期的準備工作十分重要，各類細節因素的影響不僅能夠展示出一個合格談判者的素質，也能夠表現出對對方的尊重。

時間——有一項研究表明，人類注意力比較集中的時間段是在上午十點～十一點，這段時間精神狀態較為亢奮、工作效率比較高，而到了下午一點到兩點，是最為疲憊的時候，精神上較為平緩。從這一點來看，選擇後者對欲辭退員工的談判方來說是有利的。因為這個時候，對方的衝擊性會稍微降低，能夠出現較為和緩的反應。而我們的談判時間也不應過長，應該控制在三十分鐘以內，否則，有可能加強對方的煩躁感。還有一個細節就是，儘量不要選擇對對方有特殊意義的日子，生日、節日之類的，因為，當你的這個壞消息衝擊到對方的好日子，對方的情緒反應可能會意外的強烈。

地點——從心理學的角度來說，環境會對人的情緒產生一定的影響。比如，在咖啡廳、電影院，我們的情緒非常的放鬆、安逸；但是，當我們到了醫院之類比較肅穆的地方就會顯得拘謹；在空曠的場地上，我們會覺得心胸開闊；而在擁擠的環境中，我們會更為煩躁不安。所以，當我們選擇談判地點的時候，儘量選擇空間較為開闊，視線寬廣，空氣流通好，陽光充足並且安靜的地方。比如，有明亮落地窗的辦公室之類的。

心態和資料——心態上來說最重要的是協力廠商的立場。也就是說，你既不能站在老闆的立場來藏私，也不能過於同情辭退對象。你要做的是一次客觀的談判。同時，還需要保持尊重的心態。無論對方是因為什麼原因被辭退，你都應該保持尊重，這也包括良好的儀容、得體的言談，等等。而你需要準備的資料則包括員工資料、錄音筆、紙筆、解除合約的合約等。

中期：良好的開端能夠營造一種和平的氛圍，有益於談判。比如，開場白你可以說一些比較輕鬆的話題（聊聊最近的生活狀態、家人的情況等），比較容易建立一種初步的信任感。但是，當我們向對方說明辭退的意圖的時候，從心理上來說，多數人都會產生抵觸的情緒，而我們在談判過程中，對待不同反應的人，也應該採取不同的應對措施。

反應較為激烈的人——對於這類人，我們首先要保持冷靜，然後也要引導對方冷靜下來。在雙方能夠冷靜對話的時候，你要將公司的制度、對方出現的客觀問題和事實，以及公司對這次辭退的慎重和遺憾都表現出來。如果對方不能冷靜下來，甚至有過激言行，那麼你完全可以採用適當的合理手段予以制止。

反應較為平和的人——此時，對方可能表現得呆滯、無語，那麼，這時，我們的主要任務就是讓對方能夠說話。只有當對方再對你說的話有反應，並且有回應時，你們的談判才能夠正常地進行下去。

後期：在這一階段，簽下了解除勞動合約的協議後，我們也要給對方留一份體面和尊重，畢竟，還需要建立一種和諧的關係和氛圍；而對於一時無法接受而拒絕解約的人，我們用有合理的方式予以處理。

在這個階段，因為對方可能已經接受了公司的決定，所以，情緒一定十分沮喪。這個時候，我們要讓對方體面地離開，比如，讓其有理由主動提出辭職，而不是辭退。如果條件允許的話，我們還可以為其做好下一步的打算，比如，適當的工作去處的指導等。

第六章
各種情況下的談判

辭退員工的談判在某種立場上來說，是有些尷尬的，畢竟這種談判對員工心理上的考慮要更為全面。雙方不是為了建立一種交易而進行談判，而是為了解除一種交易，但是，還必須考慮到之後的長久的關係和平。

談判：由你決定遊戲規則

說服孩子是一個艱難的過程

和孩子打過交道的人自然都知道，孩子和成人的思維方式和語言表達是不同的。這樣，當我們想要和孩子進行某種談判的時候，比如，說服他養成一種好習慣，或者對方做錯的時候予以糾正，等等。年齡的差異性，註定了說服孩子的過程需要更多的耐心和技巧。

孩子有自己的世界，他的理解可能和你的截然不同，他們的是非觀、價值觀還沒有完全趨向成人，他們有自己的理念和情緒。當你向他們灌輸一個觀點的時候，他可能會反對——「不！不是這樣的！」他也有可能會迷惑——「我不懂，為什麼會是這樣的呢！」而這個時候，就需要你花時間去引導他。

比如，小湯瑪斯朝教室樓下扔了一個空牛奶盒，正巧打在樓下一位學生的身上。一向嚴肅的校長知道這件事後，把小湯瑪斯叫到了辦公室，打算好好「教育」他一番。

「你知道嗎，你這種行為將引起十分嚴重的後果！」

「對不起，校長，我錯了，以後我不會再這麼做了。」

「你要知道，這一次如果不是紙盒的話，你有可能鑄成大錯！你必須要反省！」

「……知道了。」

「在這件事上，你必須要向對方道歉，你必須要徹底糾正你這個亂扔東西的毛病，要不然，總有一天你會害死你自己的……」之後，是校長沒完沒了的指責。

終於，小湯瑪斯爆發了，「你到底想要怎麼樣！我已經知道自己錯了！你還想怎麼樣！」

談判：由你決定遊戲規則

我們可以看到，校長的目的本來是想要勸告，但是，言辭之中只有重複的責備和對嚴重後果的強調。她無視小湯瑪斯已經產生愧疚感，一味地將自己嚴厲的作風強加給對方，導致小湯瑪斯產生了強烈的情緒反抗。可以說，這個談判是失敗的。而這種因刺激過多、過強或作用時間過久，而引起極不耐煩或逆反心理的現象，被人們稱為「超限效應」。

在現實生活中，特別值得注意的是批評上的超限效應。因為，有些教師或家長在批評孩子之後，總覺得意猶未盡，重複批評，接著還會批評……就這樣一而再、再而三地重複同樣的批評，使孩子極不耐煩，討厭至極。為什麼這樣的批評會導致厭煩心理、逆反心理呢？第一次挨批評時，孩子的厭煩心理並不太大，但是第二次，往往使厭煩倍增，如果再來個第三次、第四次……那麼批評的累加效應就會不斷增大，孩子的厭煩心理就會以幾何級數增加，說不定因而演變成反抗心理，甚至達到不可收拾的地步。除非是個樂天派或個性特殊的人，否則，一旦遭到批評，總需要一段時間才能恢復心理平衡。遭到重複批評的時候，孩子的反抗心理就會高亢起來，會在心裡嘀咕：「怎麼如此不信任我呢？」這樣一來，孩子的心情就無法恢復平衡。可見，教師與家長對於批評不能超度、超量。

為避免超限效應在批評中出現，應切記：孩子犯一次錯，一般只批評一次。千萬不要對孩子的同一件錯事，重複同樣的批評。如果問題嚴重一定要再次批評，但也不要像鸚鵡學舌那樣，簡單地重複，應該換個角度進行批評。這樣，孩子也不會覺得同樣的錯誤被「窮追不捨」，厭煩心理、反抗心理就會隨之減弱。

同時，與強制孩子做某件事相比，我們發現找到孩子的興趣點，適當為難一下他們，然後和他們做相應的條件交換，和他們談判，能起到很好的效果。一位研究兒童教育的專家說過，當他的孩子要求買玩具時，他不是馬上答應，而是要求孩子給他說幾個買玩具的理由，如果合理，他就給孩子買。對孩子而言，買玩具是他的一大興趣點，那位專家抓住孩子的興趣點，讓孩子說出買玩具的理由，意在培養孩子的思考、表達能力。其實，那位專家也是在和孩子談判。

我們要明白，和孩子進行談判，耐心是必需的。所以，你首先要控制好自己的情緒，你需要保持冷靜，然後才能夠思考出正確的應對孩子的有效策略。這就意味著，你必須要忍耐，忍耐孩子給你帶來的吵吵嚷嚷，忍耐孩子的激烈反抗。你必須要在和孩子對話的時候設置一種底線，否則，你就很難有所堅持。

在說服孩子的過程中，你要清楚對方想要的是什麼，還有你自己手裡都握有什麼籌碼，你有什麼理由，或者說你憑藉什麼讓孩子能夠聽你的，按照你說的來做。

影子談判：由你決定遊戲規則

當孩子因迷惑而不知如何選擇的時候，輪到你出馬了。你應該適當地提供幾個選擇的方案，然後讓他選擇一個最佳方案，達成協議。這個時候，你甚至可以為了讓孩子能夠遵守協議，用書面的形式表現出來，讓談判有理有據。

第六章
各種情況下的談判

如何乾脆而不傷人地拒絕求愛

「蘿絲，我愛你！」

「親愛的，如果你照照鏡子，你就不會這麼說了！」

無論在什麼情況下，這句話都是傷人的，對方對你付出了愛意，也期望從你身上獲得等價的情感——我愛你，你也愛我吧！但是，當這種平衡不能成立時——假如愛你的人並不是你的意中人，或者你一點也不喜歡他，你可能會產生困擾甚至反感，這份你並不需要的愛就成了你的精神負擔。然而，為了之後的長久人際關係的建立，你既要讓對方明白你的拒絕，也必須最大範圍地減小對對方的傷害。最關鍵的是看你怎樣拒絕，如果拒絕得恰到好處，對雙方都是一種解脫，也可以免去許多麻煩。如果你不講方式，不能恰到好處地拒絕別人求愛，你就可能犯錯誤，不但傷害他人，說不定也會危害自己。我們可以來對比一下下面兩段對話。

影子談判：由你決定遊戲規則

對話A

比利：「羅娜，其實，這麼久以來，我都覺得妳是一個很好的女孩，妳知道的，其實，我對妳是有好感的。如果可以的話，我希望能夠和妳建立一段超越友情的關係。」

羅娜：「比利，親愛的，真的很感謝你今天對我說這一番話。我真的很喜歡和你在一起的感覺——作為朋友，我們有共同的興趣愛好，我們喜歡去同樣的電影院，你知道我愛吃花生醬，我知道你喜歡黑色的領帶……但是，比利，我想這種過於熟悉的感覺，讓我寧願和你做好朋友，而不是男女朋友。」

比利：「羅娜，妳可以先別拒絕我嗎？我想讓妳好好想一想，或許我們可以呢？」

第六章
各種情況下的談判

羅娜：「比利，我很珍惜和你在一起的感覺，非常珍惜。它讓我非常舒服，沒有壓力。可是，我知道，這不是愛。這種感覺就像我喜歡和我的小侄兒查理斯一起玩，和我的媽媽一起逛街一樣，那種……那種生活化的味道。」

比利：「（自嘲地笑）是嗎？呵呵。」

羅娜：「比利，我今天是拒絕了你的愛意，但並不是拒絕了我們的友誼。我知道今天說的話一定會傷害到你，但是，我想讓你知道，這並非我願。我想你明白，每個人都會有自己的另一半，或許今天你認為是我，但是，等你在未來的某個時間再遇到那個正確的人時，你或許會明白，今天只是你生命中的一個插曲。」

比利：「呵呵，羅娜，我不知道妳還能這麼詩意。」

羅娜：「哦！看來你還不瞭解我！呵呵。」

比利：「謝謝你，羅娜。」

羅娜：「比利，親愛的，我們是好朋友，不是嗎？」

影子談判：由你決定遊戲規則

對話B

比利：「羅娜，其實，這麼久以來，我都覺得妳是一個很好的女孩，妳知道的，其實，我對妳是有好感的。如果可以的話，我希望能夠和妳建立一段超越友情的關係。」

羅娜：「比利，你別這樣，我覺得我們還是做朋友吧！」

比利：「為什麼？我覺得我夠瞭解妳，妳也說過妳很喜歡和我在一起的感覺！」

羅娜：「比利，我是說過。但是，那僅僅是作為朋友。你當時難道沒有聽出我話裡的意思嗎？我那個時候就知道你對我的感覺，其實在這期間我已經暗示了你很多回——我們做朋友吧，朋友，僅僅是朋友，難道我表現得還不夠明顯嗎？」

比利：「羅娜，別這樣絕情，給我一個機會，或許妳會對我有不一樣的感覺？」

第六章
各種情況下的談判

羅娜：「不會的，比利，我過去對你沒有感覺，現在也沒有，將來更不會有。我們做朋友不好嗎？為什麼你非要破壞這份友情呢？」

比利：「可是我不想僅僅只是妳的朋友，這太痛苦了！」

羅娜：「可以你現在把話說出來了，除了讓我們兩個人都痛苦外，又有什麼意義呢？」

比利：「羅娜……（痛苦地抱住頭）」

羅娜：「夠了！我不想和你再說什麼了！比利，你自己好好想想吧。再見！（歎氣，煩惱地走開。）」

這兩段話，無論從語言技巧還是後期的人際關係建立上來說，第一段都占十分明顯的優勢，羅娜既拒絕了好友的示愛，又挽回了兩人的友誼。而後一段，很明顯，兩人的關係趨向破裂。

我們來分析一下第一段對話，我們姑且稱之為「拒愛談判」。羅娜在整個過程當中，一直都是處於拒絕的立場，但是她沒有將這種態度以惡意的情緒表現出來。她一直在肯定比利的好處，其實是在暗示對方——我今天對你的拒絕並不是因為你不夠好，而是我們之間的感覺不對；你的好會讓你遇到真正的另一半。這是一種積極的心理暗示，同時還有緩和對方消極情緒的功效。羅娜也在對話過程中向比利傳遞一種資訊——「哪怕做不了情人，我們仍然是好朋友，時間會讓這一切都變得理所當然。」羅娜站在比利的立場上，讓自己的拒絕逐漸順理成章。

面對這種情況的時候，我們要怎樣像羅娜一樣處理好整個場面呢？

要直言相告，以免產生誤會。你若已有意中人，又遇求愛者，那麼就明確地告訴對方，你已有愛人，請他另選別人，而且一定要表明你很愛自己的戀人。同時，切忌向求愛者炫耀自己戀人的優點、長處，以免傷害對方的自尊心。倘若你認為自己年齡尚小，不想考慮個人的戀愛問題，那就講明情況，好言勸解對方。

對自尊心較強的男性和羞澀心理較重的女性，適合委婉、間接地拒絕。因為有這類心理的人，往往是克服了極大的心理障礙，鼓足勇氣才說出自己的感情，一旦遭到斷然的拒絕，很容易感覺到受傷害，甚至痛不欲生，或者採取極端的手段，以平衡自己受傷的感情。因此拒絕他們的求愛，態度一定要真誠，言語也要十分小心。你可以告訴他（她）你的感受，讓他（她）明白你只把他（她）當朋友，你希望你們的關係能保持在這一層面上，你不願意傷害他（她），也不會對別人說出你們的祕密。

「我覺得我們的性格差異太大，恐怕不合適。」

「妳是個可愛的女孩，許多人喜歡你，你一定會找到合適的人。」

「你是個很好的男人，我很尊重你，我們做普通朋友吧！」

「我父母不希望我這麼早談戀愛，我不想傷他們的心。」

如果對方沒有直接示愛，只是用言行含蓄地暗示他們的感情，那麼，你也可以採取同樣的辦法，用暗含拒絕的語言，用適當的冷淡或疏遠來讓他（她）明白你的心思。

影子談判：
由你決定遊戲規則

要記住，拒絕別人時千萬不要直接指出或攻擊對方的缺點或弱點，因為你覺得是缺點或弱點的東西，某些人也許並不認為是缺點。所以，不能以一種「對方不如自己」的優越感來拒絕對方。

第六章
各種情況下的談判

罪犯也是活生生的人

在我們的生活中，有時候會遇到一些特殊情況，尤其是對於那種因各種原由被逼無奈做出某些極端行為的人。這時，經典的談判技巧，能夠說服對方，並使自己獲救。你不一定要把自己訓練成談判專家，你不一定要懂得多少語言技巧，因為這個時候你要切記，只要情況允許，你更多的不是做一些觸怒對方的事情，而是和對方建立一種微妙的信任感。

我們可以來看看下面這個案例，看過之後你會明白，哪怕是到了這樣的特殊情況下，不要輕易地將對方（尤其是有苦衷的人）視作一件兇器，而是應該將他（她）看作是一個活生生的人。

影子談判：

由你決定遊戲規則

二○○五年三月的一個早上，美國的一名二十六歲女性阿什利・史密斯被一個叫作布萊恩・尼克爾斯的男子用一把槍頂住頭頂劫持了。

「知道我是誰嗎？」

「是的，我知道。但是，請你不要傷害我，我還有一個五歲的女兒。」

這個男人是犯下了殺人罪的逃犯。

「我不想傷害妳，我不想傷害任何人。但是，妳剛才的尖叫或許已經招人起疑了，他們或許已經報警了。那我就不得不殺了妳和許多無辜的人。我並不想這麼做。」

「好吧，我會照你說的做。」她沒有反抗，安靜地任對方把自己綁起來，當布萊恩在她家洗澡的時候，她開始思考，她認為自己必須取得劫持者的信任，不做任何刺激他的事情。她決定要認識他，瞭解他的想法，和這麼做的目的。布萊恩洗完澡後，看見阿什利很配合，覺得她應該是可以信任的，就給她鬆了綁，兩個人開始聊了起來。

第六章

各種情況下的談判

兩個人聊到了阿什利的女兒，她告訴他下午還得去接女兒，詢問是否可以，布萊恩當然拒絕了。之後兩人去了臥室，阿什利說是否可以為他朗讀一些東西，他同意了，她就拿出那本《目的驅動生活》。阿什利在儘量幫布萊恩找回平靜。布萊恩被書中的一句話觸動了——「上帝值得你為他做到最好。他總是有目的地塑造你，他正期待著你好好利用他給你的一切……」之後，兩人談論起了生活、信仰和選擇。阿什利坦然地訴說著自己生活的艱辛——她失去的丈夫，和她可愛的女兒，以及她所犯下的錯誤。她試探著打聽布萊恩的家庭背景，她瞭解到對方在殺人犯罪時的複雜情感，他理所當然卻又充滿愧疚。他說，「看看我，看我的眼睛，我已經是一個死人了。」而阿什利卻堅定地說，「你沒死，你正活生生地在我眼前，當然，如果你想死，這也是你自己的選擇。」

布萊恩之前偷了一輛車，現在他要棄車，他用的是阿什利的車，他們一同出去。她沒有逃跑、沒有喊叫、沒有報警。之後他們回家，她給他做了吃的，布萊恩很感動，這時，他們的信任已經完全建立了。

在這之後，阿什利勸布萊恩去自首，他答應了。阿什利要出門去接女兒，她問他是否可以幫忙掛一下窗簾。他微笑著說：「樂意之至。」一小時後，布萊恩被捕，他沒有任何抵抗。

從這裡我們可以看出，這種談判是更加無形地信任性影響，感受到了對方與自己之間沒有心理隔閡或者障礙，那麼就表示在某種程度上對交流對象有一定的認可，同時，對其話語中的信任度也就相應升高。那麼，說服力度自然也就相應地加大。

所以，我們在進行說服的過程時，不要只知道一味地「糾正」別人的觀點，我們可以先營造一種和諧並充滿信任感的氛圍，讓對方對自己先產生一種信任，只要把這種信任感抓在手中，之後的步驟就相對地好把握了。看來，縮短心理距離，以此獲得信任感，是進行有效說服的第一步。

那麼，我們在說服他人的過程中，要怎樣才能做到縮短彼此的心理距離呢？

第六章
各種情況下的談判

1．尋找共同點，把握循序漸進原則

在說服中多尋求雙方的共同點，以此加深共鳴和感召力。另一方面，還要避免犯交淺言深的毛病。即剛開始與對方交談時，不可要求彼此有深入的溝通，而要逐步深入，否則，這種急功近利的態度或許會讓被說服者感覺我們說話沒有誠意。我們要帶著對方的想法和思維，一步一步拉近我們的「陷阱」。

2．多用認可，讓對方放鬆警惕

我們一定要明白一個道理，說服對方不代表反駁對方的一切，有的時候，我們也可以給對方一些讚美，強調對方的一些優勢，對於這種正面的話語，大多數人都不會從心裡排斥。這種「認可」一旦產生，被說服者對我們之後要說的話就不會產生過於強烈的抵抗心理。

3．說服交談時要留有餘地，不演獨角戲

很多人以為說服別人就是一味地表達自己的觀點和想法，用言辭上的優勢去打擊對方，其實，這種方式表現出來的強制性很大，很容易讓對方反彈出更大的情緒反感。所以，在與說服對象交談的時候，不要總是自己一個人侃侃而談，要多留一些空缺讓對方介面，使對方覺得與自己之間有一種無形的互動，讓其感覺交談是和諧的，這樣也可以適當縮短距離。

4．多稱呼對方的名字

從心理學上來講，人們對於自己的名字往往都有一種特別的親切感，當別人以親切的口吻稱呼自己的名字時，我們會覺得非常溫馨，會產生一種特別的親近效果。而且被稱呼的次數越多，越有可能對對方產生好感。由此可見，親切地稱呼對方的名字，也是打開戒備心理之門的有效鑰匙。

看準情勢，不放過應當說話的機會，適時插話，適時地「自我表現」，能讓對方充分瞭解自己。這樣，可以讓說服對象知道，我們不是一味在探討他的隱私，這種適當的自我暴露，也會有效地縮短彼此之間的心理距離，讓對方適當減小一些心理壓力。

▶ 影子談判：由你決定遊戲規則　（讀品讀者回函卡）

■ 謝謝您購買本書，請詳細填寫本卡各欄後寄回，我們每月將抽選一百名回函讀者寄出精美禮物，並享有生日當月購書優惠！
想知道更多更即時的消息，請搜尋"永續圖書粉絲團"

■ 您也可以使用傳真或是掃描圖檔寄回公司信箱，謝謝。
傳真電話：（02）8647-3660　　信箱：yungjiuh@ms45.hinet.net

◆ 姓名：　　□男　□女　　□單身　□已婚

◆ 生日：　　□非會員　　□已是會員

◆ E-Mail：　　電話：（　）

◆ 地址：

◆ 學歷：□高中及以下　□專科或大學　□研究所以上　□其他

◆ 職業：□學生　□資訊　□製造　□行銷　□服務　□金融
□傳播　□公教　□軍警　□自由　□家管　□其他

◆ 閱讀嗜好：□兩性　□心理　□勵志　□傳記　□文學　□健康
□財經　□企管　□行銷　□休閒　□小說　□其他

◆ 您平均一年購書：□ 5本以下　□ 6～10本　□ 11～20本
□ 21～30本以下　□ 30本以上

◆ 購買此書的金額：

◆ 購自：　　市（縣）
□連鎖書店　□一般書局　□量販店　□超商　□書展
□郵購　□網路訂購　□其他

◆ 您購買此書的原因：□書名　□作者　□內容　□封面
□版面設計　□其他

◆ 建議改進：□內容　□封面　□版面設計　□其他
您的建議：

剪下後傳真、掃描或寄回至「22103新北市汐止區大同路三段194號9樓之1讀品文化收」

廣告回信
基隆郵局登記證
基隆廣字第55號

2 2 1-0 3

新北市汐止區大同路三段194號9樓之1

讀品文化事業有限公司　收

電話/(02)8647-3663　傳真/(02)8647-3660

劃撥帳號/18669219　永續圖書有限公司

請沿此虛線對折免貼郵票或以傳真、掃描方式寄回本公司，謝謝！

讀好書品嘗人生的美味

影子談判：由你決定遊戲規則